ワークショップ型教員研修
はじめの一歩

わかる！使える！理論・技法・課題・子ども・ツール・プラン77

村川雅弘 著

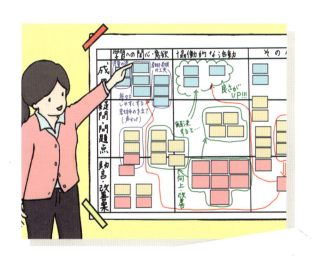

教育開発研究所

はじめに

　好きな童話は『六人の家来』(グリム兄弟)、好きな昔話は『南総里見八犬伝』(滝沢馬琴)、好きな劇画は『サイボーグ009』(石ノ森章太郎)、好きな映画は『七人の侍』(黒沢明)、近年の小説では『下町ロケット』(池井戸潤)がお気に入りである。いずれも個性的な人がチームを組んで活躍する話である。筆者自身、学校現場の教師や教育センターの指導主事、企業の開発者、異なる分野の研究者などと数多くのプロジェクトを手がけてきた。「違いがあるからおもしろい。多様な発想が繋がることで新たなアイデアがうまれる」と考えてきた。「異能者集団のチームワーキング」を信条としている。ワークショップはこれらの延長線上にある。

　筆者の周りには授業改善や学校改革を成し得た学校が数多くある。直接かかわった学校は少なくないが、一つの学校を訪問・指導する機会は年に1～3回である。筆者がかかわる時間はわずかである。すべてが各学校での年間を通した「内なる改善・改革」の成果である。訪問時には授業やカリキュラムだけでなく研修の持ち方や授業研究の方法について助言することが多い。校内研修や授業研究にワークショップを採り入れることで、教職員一人ひとりが個性や持ち味、専門性を出し合い、繋げ、形にし、日々見直し・改善を図り成果をあげている。ワークショップにより醸成された自由で明るく受け入れ合う雰囲気のなかで、若い教師も伸び伸びと自己の思いや考えを語り、中堅・ベテランと子どもや具体的な教育活動について語り合い、着実に力をつけている。

　武蔵坊弁慶は千本の刀を奪おうと悲願をたて、千本目を義経に阻まれる。千本ノックや千本通しという言葉もある。1,000にはある特別な意味が込められている。筆者がワークショップ型研修を本格的に始めた2004年2月から12年あまりの歳月が流れた。校内研修や行政研修、大学や大学院の授業等で1,000回ほどのワークショップを行ってきた。これまでワークショップ研修に関する編著は6冊ある。入手可能な5冊については巻末に掲載事例と共に紹介している。1,000を一つの区切りとし、ワークショップに関する研究や実践の集大成として、これまで培ってきたノウハウをわかりやすく伝えるた

めに、オールカラーのビジネス書の体裁で世に出させていただいた。

　第1章では、ワークショップ型研修に対する筆者の思いや考えを簡潔にまとめた。第2章では、ワークショップ型研修を計画・実施するうえでの基礎・基本および授業研究の各種手法やノウハウを具体的に示している。第3章では、学校現場が抱えるさまざまな課題の解決や今次学習指導要領の具現化のための多様な校内研修および教育センター等での行政研修や初任者研修の工夫・改善の方法について豊富な事例や成果物で紹介した。第4章では、子どもたちによるワークショップを取りあげた。各教科や総合的な学習での学習活動ではなく、アクティブ・ラーニングやカリキュラム・マネジメントの実現化に繋がる子どもサイドのワークショップに絞った。第5章では、研修で活用できるツールやプランを紹介している。ツールに関しては、教育開発研究所のホームページ（http://www.kyouiku-kaihatu.co.jp/）よりダウンロードできるようにしていくのでご活用いただきたい。

　今回、「具体的な手法や事例を単著でまとめてみないか」と教育開発研究所の山本政男氏に背中を押していただいた。「ワークショップのよさや具体はカラーでないと伝わらない。全頁カラー刷りにします」との大英断をしていただいた。また、本書で取りあげているワークショップの様子や成果物の写真および研修プランの多くは鳴門教育大学教職大学院の授業で撮影あるいは作成されたものである。修了生および在校生にこの場を借りてお礼申しあげる。

アメリカデイゴの散る花びらに彩られた鳴門教育大学の6月

　本書が各学校の「内なる改善・改革」に寄与できることを祈念する。

平成28年10月吉日

村川雅弘

◆ はじめに・3

§1 理論編

《ワークショップ型研修の意義》
「組織力」「教師力」向上とワークショップ型研修・10
いま、なぜ、ワークショップか・12
小さな努力を繋げて大きな成果を・13
授業研究の活性化とワークショップ・14
学習指導要領改訂とワークショップ型研修・16

§2 技法編

《ワークショップ型研修の基礎・基本》
研修グッズの準備と管理・20
プロセスイメージとゴールイメージを伝える・22
付箋の書き方・書かせ方・23
付箋の整理の仕方・24
成果発表の方法・25
チーム編成の基礎・基本・26
時間の確保と設定の基礎・基本・28
研修課題と手法のマッチング・29
研修の雰囲気づくり・33
ファシリテーターの育成・34
ワークショップ型校内研修の展開モデル・35
成果物のデジタル化・36

《ワークショップ型授業研究の手法》
KJ法・37
短冊法・38
概念化シート・39

マトリクス法・40
指導案拡大シート・41
カリキュラムマネジメント拡大シート・42
高志小方式・44
多様な分析手法の組み合わせ・46
授業者自身による分析・47
授業のコメントを書くタイミング・49
本時の分析を通して単元や年計を見直す・50
多くの教師の授業公開・授業研究を実現する・51
事後検討会のシステム化・52

§3 課題・事例編

《多様な研修課題への対応：校内研修編》
グランドデザインの具現化・58
社会に開かれた教育課程をめざして・60
児童・生徒の実態把握と共有化・61
地域を知るフィールドワークとウェビング・63
創意で取り組む学校研究とするために・66
学級経営のコンピテンシーの向上・68
年間指導計画を全教職員で見直し次年度に繋げる・72
総合的な学習の時間と各教科等との関連・74
特色ある教育活動の中間見直し・79
行事等の直後改善プラン・81
校内環境整備（家庭科室）・82
学校危機管理・83
ポスターセッションによる成果と課題の共有化・86
「個人テーマ」を支えるシステム・87
学校統合のよさを引き出すシリーズ研修・89

《多様な研修課題への対応:行政研修編》
集合研修と校内研修を関連づける・97
行政研修と校内研修を繋ぎ・生かし合うシリーズ研修・101
施設やフィールドでの体験型研修を仕組む・106
事例分析を通して学ぶカリキュラムマネジメント・108
中学校区や高等学校区の合同研修・112
複数の職階に対するワークショップ型研修・114
《多様な研修課題への対応:初任者研修編》
生徒の「よさ」と「課題」を多面的にとらえる・115
具体的な事例から単元づくりのポイントを整理する・116

§4 子ども編

《子どもたちによるワークショップ》
全員で創る学級目標・122
生徒が創る学級カリキュラムマネジメント・123
参加・発言しやすい英語授業をめざして・124
リレー式発表のコツをまとめよう・126
子どもによる危機管理ワークショップ・128
理想の最高学年をめざして・129
「職場体験」中間振り返り・130
「概念化シート」で振り返るバスケットボール部・131
めざせ!「考え、議論する」野球部・132
試合を振り返り、今後に活かす・135
卒業生から後輩たちへの贈り物・136
学校の伝統を引き継ぐために・138

§5 ツール・プラン編

校内研修活性化のための自校診断チェックリスト・140
「ワークショップ型研修の技法」の内容と成果物・141

アイデア・メモシート・144
研修プラン（書式）・145
研修プラン（記入の仕方）・146
研修プラン（記入例）・147
研修プラン（高校・よさと課題）・148
成果物（高校・よさと課題）・149
研修プラン（小学校・学び合い）・150
研修プラン（道徳の評価）・151
成果物（道徳の評価）・152
研修プラン（縦割り班活動）・153
成果物（縦割り班活動）・154
研修プラン（家庭連携）・155
成果物（家庭連携）・156
研修プラン（地域連携）・157
成果物（地域連携）・158
研修プラン（幼小接続）・159
研修ドキュメント（幼小接続）・160

用語説明・161
ワークショップ型教員研修プラン一覧・162

§1

❖ワークショップ型研修の意義

「組織力」「教師力」向上とワークショップ型研修

　ワークショップ型研修は、まさしく「主体的な学び」と「対話的な学び」を通して「深い学び」を実現していくアクティブ・ラーニングである。教師一人ひとりが解決すべき課題に主体的に向き合い、同僚や参加者との協議を通してよりよい解決策を見出す。そんな姿を何百回と目にしてきた。

　筆者は中野民夫の「ワークショップの原点はネイティブアメリカンの車座になっての話し合い」[1]との指摘を参考に、ワークショップを下図に示すようにとらえてきた（元の文を少し簡略している）。「まず、各個人の丸の大きさを変えている。これは教師の力量の差を表している。キャリアや専門による力量の差を認め受け入れ合うべきである。次に、光の当たる部分の面積を違えてみた。学校現場において実に多様な解決すべき課題がある。解決すべき課題について得意・不得意や興味・関心の差が生じる。少しでも活躍できるときにかかわっていけばよい。（中略）矢印を下に引いて『具体的な教育活動の創造』と入れてみた。ワークショップの成果として何か形あるものを創るということが重要だと考える。その結果、参加者は大きな満足感を得て、次なる研修への意欲がわいてくる」[2]。

　ワークショップは元々企業内教育や社会教育の分野では行われてきたが、学校教育における歴史は浅い。

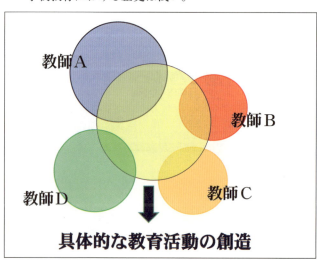

　「ワークショップ（Workshop）」は、「(特に、機械仕事をする)仕事場、職場、作業場、工作場」「(意見の交換、技術などの紹介や実地の応用を主とする)研究会、討論会、セミナー」(小学館『ランダムハウス英和大辞典』よ

り）と定義されている。ワークショップ型研修はおおむね後者の定義に合致しているが、指導案の作成や教材研究、学習環境の整備などの研修においては、それらのことをある種の「ものづくり」ととらえた場合には、前者の意味合いも含んでいると考えてよいだろう。

企業において組織の活性化や研修改善に取り組んでいる高間邦男は、企業が組織の活性化や変革において取りあげるテーマとして「外的な変化へのすばやい対応」「組織全体の活性化」「メンバーの主体性の喚起」「効果的な問題解決の手法」「組織文化の変容」「組織の一体感」「オープンな話し合い」「創造性が発揮される職場」「次世代のリーダー育成」をあげている[3]。まさしく、学校現場において求められる、当面の課題へのすばやい対処や解決、学校組織の活性化と教師の意識改革および激増している若手教師を含む人材育成等々に繋がるものである。

教育現場におけるワークショップ型研修にもおいても、参加者が「共通理解を図る」「各自が持つ知識や体験、技能を生かし繋げ合う」「具体的なアクションプランをつくり実行に移す」「絶えず問題を見つけ改善を図る」「互いに学び合い力量を高め合う」ということが研修の形態やプロセスに内在しており、その結果として高間が掲げているような望ましい組織の状態を形成しやすくなっている。ワークショップ型研修は、教職員間の共通理解を図り、具体的な授業改善や学校改革を創出し、その過程において力量を高め合う点において、よく問題視されている「研究・研修に対する教師の意欲の差」の軽減に寄与している。

校内のさまざまな課題に対する具体的な問題解決において、教職員一人ひとりの潜在力を引き出し生かし合うことにより、互いの教育実践力が高まり学校内に学び合いの文化が醸成される。また、互いが信頼し合い尊重し合う関係が築かれていく。その結果として、学校教育の世界においても組織としての「学校力」、個人としての「教師力」が高められていくのである。

《注》
(1) 中野民夫『ワークショップ――新しい学びと創造の場』岩波新書、2001年。
(2) 村川雅弘「協同的・創造的・問題解決的ワークショップ研修のすすめ」村川雅弘編著『授業にいかす　教師がいきる　ワークショップ型研修のすすめ』ぎょうせい、2005年、2〜23頁。
(3) 高間邦男『組織を変える「仕掛け」――正解なき時代のリーダーシップとは』光文社新書、2008年。

❖ワークショップ型研修の意義

いま、なぜ、ワークショップか

「学校教育におけるワークショップの歴史は浅い」と前項でも述べたが、実は、戦後間もない時期に、大照完により『教師のワークショップ——参加・計画・指導のために』[注]という書籍が世に出ている。冒頭では「わが国の現職教育はすでにワークショップ時代に入ったかの観がある」と述べている。そのなかでワークショップの原理として、①「具体性の原理」(「教師が日常の教育の場でぶつかっている現実の困難な問題」「その問題の解決が現場での教育活動を現実に一歩前進させるような問題」を取りあげる)、②「自主性の原理」(「計画も運営も全て参加者全般の自主的な意思の表現に裏づけられて行われる」)、③「協同性の原理」(「悩みを共にする者が互いに援助し合って共通の問題の解決に努めるところに本質がある」「個人個人の活動がグループとしての研究を推進させ、グループの研究成果を通じて各人の研究が大成されていくという協同関係が基礎となる」)の三つをあげている。いずれも今日において求められている研修のあるべき姿に合致する。

戦後間もないこの時期は各地で地域や子どもの生活に根ざし実態を踏まえたカリキュラム開発が行われていた。具体的な教育活動の開発・実施にあたり教員の自主性や協同性が強く求められた。そのような時代背景が反映していたと言えよう。

近年の学習指導要領改訂で、総合的な学習の時間や小学校外国語活動、教育課程全体を通した言語活動の充実、環境教育やキャリア教育、食育、防災教育などの教科横断的な現代的諸課題への対応等々、改めて地域や子どもの実態に応じた教育活動を、学校として創造的・協働的に計画・実施・改善していくことが求められている。また、次期改訂でもアクティブ・ラーニングやカリキュラム・マネジメント、社会に開かれた教育課程など、学校をあげて取り組むことがよりいっそう求められている。再びワークショップ的な研修の手法が求められる時代が到来したのである。

《注》
大照完『教師のワークショップ——参加・計画・指導のために』教育問題研究所、1950年。

§1 理論編

❖ワークショップ型研修の意義

小さな努力を繋げて大きな効果を

　筆者の主たる専門は教育工学である。一般的に工学は科学的に証明・検証された知見に関して伝達や積みあげの可能性や再現性が高く、さまざまな分野においてその効率化に寄与してきた。工学の2文字を冠している教育工学は「教育という複雑な事象の伝達可能性や積みあげの可能性を高める」「教育の効率性を高める」学問と考えてきた。校内研修や行政研修においても、教育工学がその効率化・活性化に寄与すべきである。

　教職員一人ひとりは高い潜在能力を持っている。豊かな体験や知識、技能、専門性を備えている。それらを出し惜しみせずに、子どもたちのために引き出し繋げ生かし形にするのがワークショップである。教職員一人ひとりの努力やがんばりも大切だが自ずと限界がある。小さな努力を生かし繋げることで大きな効果を生み出したい。学校内に学び合いの文化を醸成し、信頼し合い尊重し合う関係を築いていきたい。

　ワークショップ型研修を進めていくうえで、図に示すようなストーリーを描いている。まず、校内研修の核である授業研究にワークショップを導入・定着させ、各種手法や整理の仕方を習得することで、学校が抱える多様な課題に関する研修に応用する。そして、体験を通して身につけた手法を子どもたちの学習場面で援用するのである。習得した技法を多様な機会に活用・応用・援用していくことが効率的でもあり効果的である。

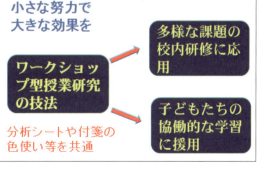

❖ワークショップ型研修の意義

授業研究の活性化とワークショップ

　校内研修のなかで最も重要かつ数多く実施されているのが授業研究である。「教師は授業で勝負する」と言われるが、授業を楽しくわかりやすく創意・工夫するのが教師の本業である。一人ひとりの「授業力」向上のために授業研究は校内研修の核である。主に学年部会や教科部会等における複数教師による教材研究や指導案検討を経て授業実践に基づいた検討・分析が全校体制で実施されることが多い。互いに「授業力」を磨き合う場であるが、十分な機能を果たしていない学校が少なくない。

　たとえば、「研究授業を引き受ける教師が限られている」「若い教師や異動してきた教師に押しつける」といった課題がある。あるいは、研究指定でも当たらない限り、研究授業自体が実施されない学校も少なからず存在する。

　事後検討会の際には、「一部教師の発言にとどまる」「若い教師がなかなか意見を述べにくい」「異なる教科の授業については口を挟みにくい」「偏った視点からの協議に流れる」「成果と課題が明確にならない」「時間どおりに終わらない」といった問題点もよく指摘される。「お疲れさまでした」とのねぎらいや「よかったですよ」と褒め合うことは大いに奨励したいが、研究授業を行ったという事実だけで評価されているとしたら問題である。

　授業研究が活性化しないとしたら、その最も大きな要因は、授業研究を行うことで、授業者自身だけでなく校内の教師全体が、「授業力」向上のための具体的かつ確かな手応えを感じていないからではないだろうか。自ら研究授業を行っても、他の教員の授業を見ても、「課題も見つかったが具体的な助言や改善策が得られた」「多くの示唆や手立てを学んだ」という実感があるから続けられる。

　とくに、近年のように

若い教師が大量採用されながらも、「だるまストーブ研修」と言われていたようなインフォーマルな研修が行われにくい現状では困難である。そのためには、校内において「授業力」を高め合い磨き合う体制づくりが求められる。

ワークショップ型研修は授業研究の活性化にも有効である。たとえば、ワークショップ型授業研究には、その過程にさまざまな学びの場が組み込まれている

①まず、授業参観の際には主体的・分析的な観察を引き出す。従来型の事後検討会と異なり、授業の各場面やさまざまな構成要素(板書や発問、教材、個別指導、学習形態、学習環境等々)に関してのきめ細かな協議が予定されているため必然的に主体的・分析的に授業参観に臨むこととなる。

②協議前に参観メモを基に付箋に記述する。メモの内容を他者に理解できるように記述し直す必要がある。そのときに概念整理がおきる。

③記述した付箋を出し合う。同じ場面や授業要素であるにもかかわらず見方やとらえ方が異なる。自分なりの意見や解釈を具体的に記述しているからこそ、同僚のそれと比べることで深い学びがおきる(写真)。

④付箋を整理し小見出しをつけ、グループ間の関係(因果関係や対立関係など)を矢印等で明らかにする。たとえば、学習が停滞したとしたら、その直前の指導等に問題がある。授業はさまざまな要因・要素が複雑に絡み合っている。授業を関係的・構造的にとらえる力が身につく。

⑤他のチームに説明する際に改めて自分の言葉で授業を関連づける。

⑥他チームの分析結果と比べることで新たな視点を学ぶ。

⑦授業研究だけではないが、研究授業や事後検討会、指導主事や研修講師の講話等で学んだこと、新たな課題などを書き記しておきたい。言葉にすることで学びが自覚化でき、研修の満足度も向上する。

❖ワークショップ型研修の意義

学習指導要領改訂とワークショップ型研修

　40年近く学校教育の研究や実践にかかわってきて、学習指導要領が変わっても学校や授業が変わらなければ、という思いは強い。学生に対して中学校の選択教科や小・中・高の総合的な学習に対しての体験や感想を聞くことがある。その反応は二極化している。「覚えてない」「意味がなかった」という白けた反応と「あの学習があったから今の自分がある」と涙目で熱く語る反応がある。どちらかと言えば前者の割合が多い。今次改訂では、資質・能力の育成やアクティブ・ラーニングやカリキュラム・マネジメントの具現化、社会に開かれた教育課程の実現化を謳っているが、改革が学校の校門や教室の入口で止まったとしたら同じ轍を踏むことになる。

　学習指導要領が変われば、その実現に向けての研修が重要となる。新学習指導要領の趣旨を十分に理解したうえでの教育センターおよび学校における研修の充実が不可欠である。中央教育審議会初等中等教育分科会教員養成部会の「これからの学校教育を担う教員の資質能力の向上について」の中間まとめ（平成27年7月）でも、「教員研修の機会を確保するため、学校における業務の精選や効率化、教職員の役割分担の見直し、チームとしての学校の力の向上やそのための条件整備が必要」や「講義形式の研修からより主体的・協働的な学びの要素を含んだアクティブ・ラーニング型研修への転換」などをあげている。これを受けて、教育課程部会審議のまとめ（平成28年8月）のなかでも「教員研修自体の在り方を、『アクティブ・ラーニング』の視点で見直していこうとする提言なども含まれている」（62頁）と述べている。授業の質的改善に向けアクティブ・ラーニングの導入が重要であるように、教員研修においてもアクティブ・ラーニング的な研修、つまりワークショップ型研修が重要な役割を担ってくる。

　全国の学校現場を廻っていて、「アクティブな研修を行っている学校はアクティブ・ラーニングが定着している」というのが実感である。ワークショップ型研修は、教職員一人ひとりが経験年数や専門性を越えて、知識や技能を持ち寄り生かし合い繋げ合い、形にしていく研修である。学校が抱えるさまざまな課題の明確化やその解決に向けて、まさしく主体的・協働的に問題解決を図りつつ、互いに力量を高め合っている。

§1　理論編

　「学習ピラミッド」は有名な図であるが、聴いたり読んだりする形態よりも協議したり人に伝えたりする形態のほうが研修成果が大きいという点において教員研修にも通ずる。
　ワークショップ型研修のすべてがアクティブ・ラーニング的であるが、とくに授業へのアクティブ・ラーニング導入に直接かかわるワークショップとしては、§4子ども編の「参加・発言しやすい英語授業をめざして」（124・125頁）、「リレー式発表のコツをまとめよう」（126・127頁）などが参考になる。
　カリキュラム・マネジメントの充実も重要である。各学校が子どもや地域の実態を踏まえて教育目標やその具体としての資質・能力を明確にしたうえで、その実現のための授業づくりをどう進めるのかといった基本方針を策定し、各教科等および各学級において日々の授業を通して計画・実施・評価・改善を図っていくものである。
　「カリキュラム・マネジメントの3側面」としては、①各教科等の教育内容の相互関連による教育内容の組織的な配列、②子どもや地域に関する各種調査に基づく教育課程の編成とその見直し・改善のサイクルの確立、③地域の人的・物的資源等の活用と効果的な組み合わせ、が示されている。
　カリキュラム・マネジメントの理解を目的としたワークショップとしては、§3課題・事例編の「事例分析を通して学ぶカリキュラムマネジメント」（108〜111頁）、カリキュラム・マネジメントの3視点にかかわるワークショップとしては、「グランドデザインの具現化」（58・59頁）、「創意で取り組む学校研究とするために」（66・67頁）、「児童・生徒の実態把握と共有化」（61・62頁）、「年間指導計画を全教職員で見直し次年度に繋げる」（72・73頁）、「総合的な学習の時間と各教科等との関連」（74〜78頁）が参考となろう。
　今次改訂で最も具体的なイメージを持ちにくいのが、「社会に開かれた教育課程」である。これは審議のまとめの冒頭部分で述べられているように、今次改訂の強調点である。資質・能力の育成やそのためのアクティブ・ラーニングの導入、カリキュラム・

マネジメントの充実などすべてにかかわる。

　審議のまとめのなかでは「社会に開かれた教育課程の三つのポイント」として、①教育課程を通しての社会との目標の共有、②社会を創り出し人生を切り拓く子どもたちに求められる資質・能力の明確化と育成、③地域の人的・物的資源の活用と社会教育との連携、をあげている。具体的な研修としては、§3課題・事例編の「社会に開かれた教育課程をめざして」（60頁）や「地域を知るフィールドワークとウェビング」（63～65頁）が該当する。

　また、ここで提言されていることが実現されていくには、幼児教育から中等教育までのタテの繋がりにおいて共通の資質・能力観やアクティブ・ラーニングによる授業改善についての共通理解が求められるだけでなく、地域社会や家庭とのヨコの繋がりにおいても資質・能力観や新しい授業観の共有化が求められる。関連するワークショップとしては、§3課題・事例編の「中学校区や高等学校区の合同研修」（112・113頁）が該当する。

　大分県佐伯市は市全体で教育改革のベクトルを揃えようとしている。平成28年1月に「総合的な学習の時間を要とした『ふるさと創生プラン』戦略会議」という研修会を実施した。佐伯市から19名（小6名、中3名、高3名、市教委3名、県教委佐伯事務所4名）、大分県内から3名、別件で大分を訪れていた県外の研究者や教育行政、現職教師11名が加わり、総勢33名（5チーム）でワークショップを行った。まず、「ふるさとを愛し、ふるさとの未来を創造する力」としてどのような資質・能力を育んでいくのかをチームごとに三つ選定した。そして、それらの力を育むために、小・中・高がどうタテ連携を、家庭や地域、行政とどうヨコ連携を図っていくのかを、各々の経験や専門性を出し合い繋げ合って構想を練った。このような市や町単位での教育改革に向けたカリキュラム・マネジメントが今後求められてくる。

　平成28年5月、高知県では16の市町の教育研究所や事務所、県教育センターの所長22名と指導主事、研究員等89名が一同に会し、県が推進する授業改善に関して改めて共通理解を行った。まず、小・中の全教師が所有している「授業づくりBasicガイドブック」の有効活用が提案され、その後、17チームに分かれ、その具体的な活用方法のアイデア出しとその整理・分析を行い、全体発表で共有化した。市町の学校を指導・支援する指導主事一人ひとりが、確かな学力を伸ばしていくために県がめざす授業づくりの基本方針とその実現のための具体的な手だての共有化を行った「地域のカリマネ」と言えよう。

§2

技法編

§2

❖ワークショップ型研修の基礎・基本

研修グッズの準備と管理

　ワークショップ型研修で欠かせないのがさまざまなグッズである。最小限、以下のものは常備しておきたい。

　①付箋：75㎜×75㎜または75㎜×50㎜が一般的である。模造紙サイズの紙の上で整理・構造化を図り、共有化のための発表を行う場合にはこのサイズが望ましい。付箋の色は複数（できれば、黄色、水色、桃色、緑色）用意しておきたい。個人またはペアでワークショップを行う場合や、研修後に成果物をコピーして共有化するために、A3の用紙の上で付箋の整理を行うことも想定して、75㎜×25㎜も常備しておくとよい。割高ではあるが152㎜×203㎜の付箋もある。チームで話し合ったことを会場全体で共有する際に活用するとよい。

　②模造紙：B1サイズが一般的である。50枚入りのものを購入するのがお得である。「マトリクスシート」のように事前に枠を書く場合があるので方眼が記入されているものが望ましい。

　③サインペン：黒の水性サインペンも必需品である。研修の参加者の数は揃えたい。鉛筆やボールペンでは、共有化のための発表のときに見えないだけでなく、分析・整理の際に少し離れておかれている付箋同士の関係を見出すことが困難である。校内研修の場合ならば、事前に必ず持参するように連絡しておけばよい。個々に付箋を書かずにチームで話し合いながら書く場合にはチームに2、3本あると対応できる。

　④多色マジックペン：小見出しをつけたり、その関係を繋げたり、模造紙に直接書き込んだりするのに必要である。6色または8色のものがよい。キャップを外しておいても乾燥しないもの、裏写りしないものを勧める。

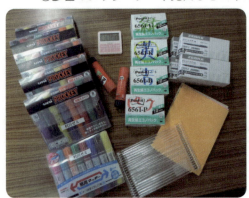

　⑤糊：貼った付箋の位置が確定したら保管のために糊付けしたい。スティックタイプが使いやすい。

⑥**磁石**：発表時に成果物を黒板やホワイトボードに貼るのに必要となる。棒状のものが便利である。磁石がないときは、チームで分担して、成果物を持つ係を設ければよい。

⑦**タイマー**：キッチンタイマーが値段も手頃であるが、残り時間が見えにくいので大きめのタイマーが望ましい。ただし、バスケットボール等で用いるタイマーは音量が大きいのでお勧めしない。筆者はパワーポイントのスライドショー機能を使って１分ごとにカウントダウンを行っている。１分を切ると10秒ごと、10秒を切ると１秒ごとにスライドが変わるように設定している。お気に入りのゴルフ場の写真を用いたことがあるが、写真に気を取られていた参加者が見受けられたので、今は数字だけのものを利用している。

⑧**グッズ収納ケース**：一般的に用いるグッズ（模造紙を除く）はケースに入れて管理しておくと準備と持ち運びが楽である。とっさの活用にも対応できる。ワークショップを行うことの多い筆者は授業やゼミ用にプラスチックケースに８チーム分を収納している。

⑨**長い定規**：「マトリクスシート」や「概念化シート」などに線を引くために１ｍほどの長さの定規があるとよい。

⑩**デジタルカメラ**：研修の様子や成果物を記録するために準備しておきたい。

ワークショップを始める際には、その日の研修に必要なグッズをチーム数準備し、並べておきたい。各テーブルに事前に置いておくとさらに時間の節約になる。

研修後は使った付箋をそのときに補充しておきたい。

§2 ❖ワークショップ型研修の基礎・基本
プロセスイメージとゴールイメージを伝える

　ワークショップ型研修の成否は、参加者が持つ意見やアイデアの質と量に依存する。研修に先立ち、目的や方法を事前に伝え、関連する資料は配っておきたい。

　事前に研修課題を知ることで参加者は意識して研修に臨むことができる。研修課題に対して、前もってアイデアを練っておいたり、関連する資料や本に目を通したり、参加者自身が持っている有効な資料を準備しておいたりすることができる。

　研修方法が参加者にとってなじみがない場合には、どのような手順で進めるのかというプロセスイメージとどのような成果物ができればよいのかというゴールイメージを具体的に伝えたい。同様あるいは類似した研修の様子や成果物の写真があれば、それを基に簡単なプレゼンをつくっておきたい。適当なものがない場合には、同僚数人に協力を依頼し、ワークショップを試行する。作業の様子と成果物を撮影し、説明用プレゼンを作成するのである。そのミニ研修に参加した教師が当日の研修でファシリテーターとして活躍してくれる。まさに一石二鳥である。

　写真は鳴門教育大学教職大学院での自主的な勉強会の様子である。ある院生が現場で実施したい研修プランを院生仲間に呼びかけて模擬的に行った。このときのワークショップの様子や成果物を写真に収め、それを実際の校内研修の冒頭のプレゼンに活用した。

§2 技法編

❖ワークショップ型研修の基礎・基本

付箋の書き方・書かせ方

　付箋の書き方は原則的にはすべてのワークショップにおいて共通である。
　①「マトリクス」に限らず、授業を見る視点が決まっている場合には、あらかじめ伝えたり確認したりしておく必要がある。②以下の約束と共に、配布資料や指導案などに明記しておくとよい。
　②付箋の色と記述する内容（たとえば、「成果やよかった点」は水色、「疑問や問題点」は黄色、「助言や改善策」は桃色）を共通にする。筆者はこの３色の使い分けに関しては全国で統一している。
　③書く方向（原則的には横書き）や付箋の向き（真四角の付箋だと糊の部分が上、長方形の付箋だと糊の部分が左、が使いやすい）を決めておく。
　④１枚に１項目だけ書く。
　⑤単語（たとえば「学習環境の整備と活用」「板書の工夫」）ではなく、具体的かつ端的な文章（たとえば「問題解決を主体的に行うためのメディアや資料が用意され活用されている」「板書によって子ども一人ひとりの発言を構造的に整理している」）で記述する。

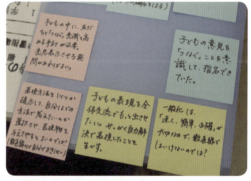

　⑥必ず水性の黒のサインペンを使う。シャープペンシルやボールペンはワークショップの際に見づらく作業に支障をきたす。また、発表の際には全く見えない。
　⑦書いた付箋は少し丈夫な紙に貼っておく。付箋を整理していく際に、同じものや似たものを近くに置いたり、同じ場面に関する異なる意見を比べたりするうえで手持ちの付箋が一覧できることが望ましい。

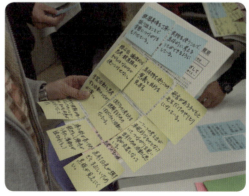

§2 ❖ワークショップ型研修の基礎・基本
付箋の整理の仕方

　本来のKJ法は、付箋やカードを並べてみて、その記述内容を丹念に読み比べながら相互の関連を見出していくものである。しかし、学校現場においてはそのような時間的な余裕はない。筆者は次のような整理・構造化を勧めている。

　①記述内容を紹介しながら付箋を置いていくことが望ましい（写真上）。黙って置かない。他のメンバーも同様の記述があればその付箋を近くに置くことで作業がスムーズに展開する。いったん全部貼っておいたうえで改めて読み直しながら整理・構造化を行うのは時間的に無駄が生じやすい。

　②ある程度整理が進んだら小見出しをつける（写真中）。小見出しが確定していない場合は、別の色や形の付箋に小見出しの候補の言葉をメモして該当場所に貼っておく。付箋を囲んだり、付箋のまとまりのグループの関係を線で結んだりすることが確定していない場合には鉛筆等で薄く書き、その後マジック等で清書すればよい。

　③整理・構造化が確定していったならば、多色のマジックインキでビジュアルなものに仕あげたい。空きスペースに改善のポイントなどを直接箇条書きすることも効果的である。絵心のある教師がメンバーにいる場合には、自分たちが伝えたい授業や子どものイメージをイラストにして示すことも効果的である（たとえば写真下）。

§2 技法編

❖ワークショップ型研修の基礎・基本

成果発表の方法

①校内研であっても成果物の発表時間は確保したい。校内研ということで「後から各自で」といっても実際には行われないのが実状である。逆に、2、3分でも発表することで、互いに興味・関心を抱きあるいは疑問を持ち、研修後にインフォーマルな形での情報交換や協議の花が咲くものである。

②発表者はできるだけ若手教師にまかせたい。ワークショップで整理したことを改めて自分の言葉で伝えようとすることで学びが深まる。

③発表者だけが前に出てくるのは避けたい。チーム一丸となって発表に臨みたい。時間を確認し合図を送る者、成果物を持つ者などテキパキと役割分担を行いたい。発表時間の遵守は大切なので計時係の役割は重要である。

教育センター等でチーム数が多いときには工夫が必要となる。いくつかのチームをピックアップし発表してもらうのが一般的であるが、次のような方法をとることですべてのチームの発表が可能となる。

一つはいくつかのゾーンに分けて、そのなかですべてのチームが発表し、選抜してもらう方法である。選抜チームだけが全体発表する。ワークショップ会場が複数に分かれている場合には有効である。独立行政法人教員研修センターの「カリキュラム・マネジメント指導者養成講座」では、全体の講義や事例報告の後、道徳や総合的な学習の時間等の課題別分科会に分かれてワークショップを行うのでこの方法をとっている。

一つはローテーション方式による発表である。たとえば、写真は石川県教育センターの初任者研修の様子である。四つのチームが一つのグループになり、各チームから発表担当の1〜2名を残して他のチームの発表を聴きに行く。各チーム5分の発表を3回行う。全チームの全員に発表の機会が与えられる。

一つはポスターセッション方式である。成果物をボード等に貼り発表する。発表者と聴衆を交代して何回か行う。

§2 ❖ワークショップ型研修の基礎・基本

チーム編成の基礎・基本

(1) 望ましい人数は？

　1チームの適正人数は5名前後である。7名を超えるとまとまりに欠け、二手に分かれてしまったり、いわゆるお客さんが出てしまったりする。7名のチームができそうならば、3名と4名に分けてもよい。ただし、参加者がその研修課題についての十分な知識や情報を持ち得ない場合には、3～4名ではアイデアや意見に限りがある。その場合には、あえて7名編成にしたい。全体の人数や会場の関係で7名以上のチームをつくる必要がある場合には、各チームにファシリテーター役を決め、協議の活性化に活躍してもらえるように「手引き」を作成・配付するなどの手立てを打っておきたい。

(2) メンバーの組み合わせは？

　取り扱う課題や研修の目的によりチーム編成が決まる。たとえば、授業研究の事後検討会で、専門の教科を越えて検討する場合には異教科による編成、ベテランや中堅の持つ見方や考え方を若手に伝えたい場合には異年齢による編成、「幼小接続」や「小中連携」について検討する場合には異校種編成が望ましい。また、教師だけで編成する必要はない。課題によっては地域の方や保護者、児童・生徒に加わってもらってもよい。

　教員免許状更新講習の必修領域は、一般的に30代・40代・50代と経験年数も多様で、幼保・小・中・高・特別支援の教師が集まる。大半が初対面であることも多い。

　平成27年度の夏の才能開発研究財団主催の講習も同様の条件であった。プ

ログラムのなかで、小学校2年生国語の授業をビデオで参観し、その後にワークショップ型授業研究を体験する演習を行った。各チームに保育園や幼稚園、小学校、中学校、高等学校、特別支援学校の教師が満遍なく入るようにした。小学校の教師が小学校2年生の実態や国語教材について解説する役

§2 技法編

割を担ってくれたようだ。中学校や高等学校の国語以外の専門教科担当の教師も積極的に意見を述べ、数多くの付箋を書くことができた。筆者自身、ワークショップの有効性を改めて実感した。

(3) 複数の課題や手法がある場合にはどのように決めるか？

　ワークショップ型授業研究で「指導案拡大シート」や「マトリクスシート」「概念化シート」など複数の手法を採り入れる場合には、それまでに体験していない手法にチャレンジすることを勧める。教育センター等の集合研修の場合には、アイスブレイキングも兼ねて、チームで協議して取り組みたい手法を早い者勝ちで選ばせることもある。

　解決課題が複数ある場合には、ランダムあるいは参加者の興味・関心で編成するのではなく、貢献の可能性の大きさでチーム編成したい。つまり、最も具体的なアイデアや改善策を出せる課題を参加者に選択させてチームを編成するのである。そのためにも、事前に課題を提示しておくことが望ましい。そのうえで、課題解決に関連した資料やアイデアを持ち寄ってもらうことでワークショップの成果がより満足いくものとなる。

(4) あえて異能者を育て活かす

　新しい機器やソフトウェアが導入されたときには、まず、得意なあるいは興味ある機能について習得するワークショップ①（WS①）を行う。そして、異なる機能を習得した者で新しいチームを編成し、習得した知識や技能を教え合うワークショップ②（WS②）を行う。図では機能Aを習得したA1、A2、A3が教える役を担っているが、次は機能Bを習得したB1、B2、B3、最後に機能Cを習得したC1、C2、C3が教える側に回る。研修意欲が高まるだけでなく持続する。教え合うことで個々の力量が向上するだけでなく、組織全体の力量が向上する。

　この手法は子どもの学習においても有効である。異なるテーマや方法で複数チームが学習し、その成果を混合チーム内で伝え合うのである。

グループ構成の変化

§2

❖ ワークショップ型研修の基礎・基本

時間の確保と設定の基礎・基本

　ワークショップ型研修を計画するうえで重要な要素は時間の確保である。筆者の経験では、どのような内容であれ、付箋を書くのに1枚におよそ1分、付箋を整理するのに最低30分が必要である（慣れてくれば少し短縮できる）。成果の共有化のための発表時間を最低10分確保するとして、冒頭の挨拶や説明も含めると1時間程度は必要である。逆に、1時間あれば本格的なワークショップ型研修を組めるということである。

　次に大事なことは、研修内での時間の設定である。複数のチームが作業するので差が生じやすい。決められた時間内にワークショップが行われるように時間制御を行う必要がある。パソコンがプロジェクターに繋がっている場合は、残り時間を見計らってタイマーを表示する。写真はお気に入りのゴルフ場である（撮影は筆者）。パワーポイントのスライドが自動的に変わる機能を使っている。写真は1分ごとに変わる。筆者自身、目も心も癒されるのだが、時折、作業の手を止めて変わっていくスライドに見入る参加者がいるので、残念ながら現在は数字だけのものを使っている。

　プロジェクターは他のものの提示に使うことが多いので、大きめの画面のタイマーを使用している学校が増えてきた。学校および教育センター共通であるが、研修中に休憩を入れる場合には、ワークショップの後に入れるとよい。チーム間の進捗状況の調整時間として有効である。

　ワークショップ以上に時間がオーバーするのが発表時である。発表者がタイマーを見ながら発表することはできないので、チームのメンバーの一人が計時係となり、たとえば1分前に決められたサインを送るように、事前に指示しておきたい。

　発表するチーム数が多い場合には移動や準備でロスタイムが生まれやすい。移動・準備1分、発表14分など事前に時間設定し伝えておきたい。

§2 技法編

❖ワークショップ型研修の基礎・基本

研修課題と手法のマッチング

　ワークショップにはさまざまな手法がある。ワークショップ型授業研究で、付箋の書き方や整理の仕方等の基礎・基本だけでなく、多くのワークショップで活用されるKJ法をはじめ、「指導案拡大シート法」や「マトリクス法」「概念化シート法」「短冊法」などの基本的な手法を体験・習得したうえで、多様な課題の研修に応用することを奨励している。

(1) KJ法

　ワークショップ型研修で多くとられる手法はKJ法である。ワークショップの王道である。発想を拡げるウェビング法とは対極にあり、多様なアイデアや情報を集約するのに有効である。

　たとえば、下図は「算数科における「話し合い」の場の設定」についてのアイデアを出し合い整理したワークショップの成果物である。似たものをグループ化し小見出しをつけている。明確な視点や軸を持たずに、多様な考えを集約・整理するうえでKJ法が有効である。

算数科における「話し合いの場」の設定について

聞き方
- 聞く態度について子どもと共通理解する
- 人の話を聞いてから、それを自分の中に取りこむことができない
- より良い解き方を話し合う場面
- 課題の解決方法が分からない時＜聞く＞
- 答えのわからない子に対しての説明がうまくできない（自分ではわかってはいても・・・）
- 解決の見通し・ペアトーク「こうすればいいと思う。わけは・・・」「ここまでは分かる。でもここからが・・・？」　手立て

考えを持つ
- 自分の考えを持つ（そのための教科の工夫）
- 話し合いが成立する課題づくり
- 発表するために自分の考えをノートやワークシートに書く
- 前に習ったことを使うように言う
- 具体的視点を示す
- 子どもの考えを分かりやすく提示する板書の工夫

　手立て

- 考える力に差があり、考えることができた子だけの話し合いになってしまう実態（因）

伝え方
- 課題に対する答えを発表する場面
- 話者のあとに続く発表の仕方をパターン化する
- 順序立てて話すことができず、相手に伝わらない（因）
- 友達の考えと自分の考えの同じところを発表する場面
- ブロック、タイル等の考え方の手立てを示すと、操作でもって伝え合うことができる

話し合いの場
- 課題把握の場面で分かること、問われていることの確認
- 友達の考えと自分の考えの違うところを発表する場面
- 友達の考えを説明する
- 友達の考えの良さを伝える場面
- まとめの場面で、本時で分かったことを自分のことばでまとめ、話し合いを通じて学級のまとめとする

話し合いを深める～誤答を生かして～
- どのように誤答を引きだして、つまずきやすい所を確認するか
- 誤答をどのように正答につなげて話し合うか
- 間違いを指摘するときの場面
- 自己解決をもとに意図的指名でつなぎ、発言への抵抗をなくす
- 集団解決で対立意見を設定し、（児童の発表、教師による提示）立論と反論の立場の明確化と根拠の明確化

(2) 「指導案拡大シート法」

「指導案拡大シート」を応用したのが、総合的な学習の時間や生活科、教科学習の単元計画や年間指導計画を見直し改善するワークショップ（72・73頁）である。入学式や運動会、卒業式などの学校行事のプログラムを拡大することでも見直し・改善が行える。つまり、指導計画や行事計画などのあらゆる計画の見直し・改善に応用できる。

写真上は、平成28年3月に実施された愛知県名古屋市立志段味西小学校の「グランドデザインの見直し・改善ワークショップ」の様子である。年度末に1年間の実践を踏まえて、グランドデザインに関して、「ここがよかった。来年も続けるべき」（水色）、「課題がある。見直す必要がある」（黄色）、「来年度はこう改善したらどうか。具体的にはこんなこともできる」（桃色）の視点から付箋を書いている。まず、個人のシートに貼り、その後にチームごとに真ん中に置かれた少し大きめのシート上で整理・集約し、最後に実物提示装置を使って共通理解を図った。手元の個人のシートとチームのシートが同形式であることがポイントである。

(3) 「マトリクス法」

「マトリクス」のよさは考えるべき視点が明確に示されていることである。

写真下は「生徒が主体的に学ぶ英語授業づくり」を考えるワークショップの成果物である。縦枠は「生徒の実態」（「よさ」は水色、「課題」は黄色）と「手だて」（桃色）、横枠は「聞く」「話す」「読む」「書く」の4技能を置いている。鳴門教育大学教職大学院の「ワークショップ型研修の技法」のなかで試行したうえで、この研修の発案者の置籍校で実施してい

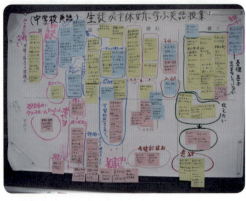

る。この成果物は授業のなかで作成されたものである。

　本書でも紹介している危機管理ワークショップ（83〜85頁）のように、学校として対応すべき問題が発生したときに、いつ、誰に対して、どのような方法・内容・手順で対処すべきかを考えるうえで、視点の存在が大きい。適切な視点やプロセスに従って思考することを経験することが研修の重要な要素となっている。

⑷　「**概念化シート法**」

　「概念化シート」の守備範囲は広い。縦軸に関しては、原則的には「よさ」と「課題」としている。横軸に関しては、ワークショップ型授業研究の場合には「子ども」と「教師」、子どもの実態を明確にする場合には「学習」と「生活」とする（61・62頁）。職場体験の中間振り返りを生徒にさせる場合には、「自分」と「周りの人」としている（128頁）。また、部活などで練習や試合を振り返る場合には、「個人」と「チーム」としてきた（129頁）。横軸を工夫することで多様な課題に対応できる優れものである。

　図はある中学校で実施した学年で困り感のある生徒に関するワークショップの成果物である。生徒Aの学級担任や部活動顧問、教科担任等で行った。生徒Aに関して互いに知り得なかった「よさ」や「問題点」を共有化でき、その後の学年団による指導・支援に生かされた。

⑸　「**短冊法**」

　多くの教師のアイデアや意見を一つに集約していくうえで有効である。たとえば、全教職員の意向を踏まえ、学校が抱える課題を集約したり、めざす研究の方向性を決めたりするうえで有効である（66・67頁）。

⑹　「**地図拡大シート**」

　校区のフィールドワークに出かけ、集めた情報や撮影した

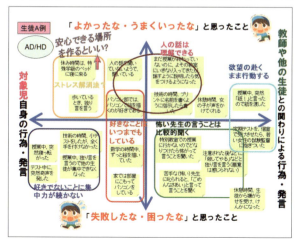

写真などを地図上に貼り付け、地域の情報の共有化を図ったり、校内地図のなかに危険箇所の情報を貼り安全教育に活かしたりすることが考えられる。

下図は言語力を高めるための教室環境を考えたワークショップの成果物である。教室内外の具体的な場所を意識することで掲示物や図書・資料などのアイデア創出が円滑に進んだ。

⑺ 「ウェビング法」

KJ法が集約型の手法であるのに対して、ウェビング法は拡散型の手法である。アイデアを広げていく際に有効である。本書の「地域を知るフィールドワークとウェビング」（63～65頁）で活用している。

子どもたちもウェビングを用いると意見やアイデアを出しやすい。教師はそのテーマに関する既有情報や体験、興味・関心の実態および取り組むべき課題などを比較的短時間で把握することができる。総合的な学習だけでなく各教科等の教材研究や授業づくりなどさまざまな面で有効活用できる。写真は小学校6年生が食育の導入で、主教材となる「給食」について行ったワークショップの成果物である。5色でグルーピングされて、五つの調査チームが編成された。その後、この図を教室に常掲することで各チームの立ち位置や関連を常に意識することができた。

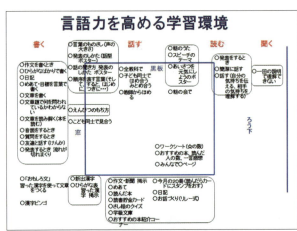

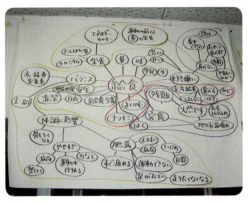

❖ワークショップ型研修の基礎・基本

研修の雰囲気づくり

　経験年数や在籍年数、専門を越えて自由に意見が出し合える雰囲気づくりが大切である。子ども同士のアクティブ・ラーニングでも「受容的な関係づくり」が最も大事であるが、研修においても同様である。

　管理職の位置も重要である。特別に設けられた席に座り、教員が行っているのを参観するのではなく、チームに混ざってワークショップを一緒に行いたい。飲み物やお菓子などを用意するのも効果的である。

　教育センターの集合研修や免許更新講習などのように、初対面の参観者が多い場合にはちょっとしたアイスブレイキングを採り入れてもよいだろう。筆者は時間や客層によってネタやパターンを使い分ける。

　一つは、箱の中の立体を当てるゲームである。アクティブ・ラーニングを体験してもらう意味もある。2名に出てきてもらう。一人が箱の中の物を触りながら角や面の数や形を伝え、相手がその立体の名前を答える。「立方体」「円柱」「六角柱」という答はすぐに出てくる。しかし、そのままでは終わらない。「形は正解。中身はお菓子です。お菓子の名前を当ててください」。二人が困ったところで会場にも振る。名前が当たれば、さらに「なに味」と突っ込む。事前に期間限定商品をチェックし仕入れておくことは当然である。名前を考えさせるあたりから会場は盛りあがってくる。

　もう一つは、プレゼン（写真）による「天然鯛と養殖鯛の比較」である。チームごとに解答用紙を配付し、「どっちが天然」「その理由を三つ」「なぜこの問題を出題したのか」を聞く。2問目の解答を聞くあたりから大喝采となる。アイスブレイキングで気をつけることは時間をかけすぎないことである。実は、筆者はそれが守れない。

　手間や時間をかけずに行う方法は、①好きな食べ物や動物などを付け加えて自己紹介し合う、②ワークショップ型授業研究の場合は、使う分析シートをチームで相談して選ばせる、③課題解決を目的としたワークショップでは、チームで相談して課題を選ばせるなどである。後者の二つは早い者勝ちというルール設定にするのでヒートアップに時間がかからない。

§2 ❖ワークショップ型研修の基礎・基本
ファシリテーターの育成

　ワークショップの場合はチームに分かれての作業が多くなるので、各チームをうまくリードしてくれるファシリテーターの存在が大きい。多くの学校ではワークショップを数回も経験すれば、研修が始まると自然にファシリテーターが誕生し、そのチームを引っ張っている。

　運悪く適切なファシリテーターが存在しない場合には、盛りあがらなかったり、陳腐な成果物にとどまったりする。一人が強いリーダーシップを発揮しすぎて仕切ってしまう場合にも、本来のワークショップのよさが失われる。チーム全員の考えを引き出しつつ、それらを繋げ、うまく整理・構造化していく術をすべての教師が習得できるようにチーム編成やファシリテーターの持ち回りを意図的に進めていきたい。

　校内研修において新規の課題や方法で研修を行う場合に、事前に複数名でワークショップを試行することを勧める。計画したプランの見直し・改善が行えるだけでなく、その様子や成果物を記録しておくことで実際の研修での解説に活用できる。さらに、そのときにかかわった教員が当日のファシリテーターとして活躍してくれる。まさに、「一石三鳥」である。

　たとえば、写真上は右手前の院生が置籍校で行う予定のプランを同じゼミの院生と共に試行している様子である。写真下は、改善されたプランを置籍校で実施している様子である。ファシリテーターを実践的に育成していきたい。

❖ワークショップ型研修の基礎・基本

ワークショップ型校内研修の展開モデル

　学校の通常平日の研修時間を90分（15時30分〜17時）と想定し、ワークショップ型研修の展開モデルを作成してみた。参考にしていただきたい。

事前準備

- ●研修の目的や方法について事前に連絡する。●意見やアイデアを練っておいてもらう。
- ●当日の資料は事前に配付する。●関連する資料等があれば各自で持ち寄ってもらう。
- ●新しい方法の場合には事前にミニ研修を行い、様子や成果を記録しプレゼンをつくる。

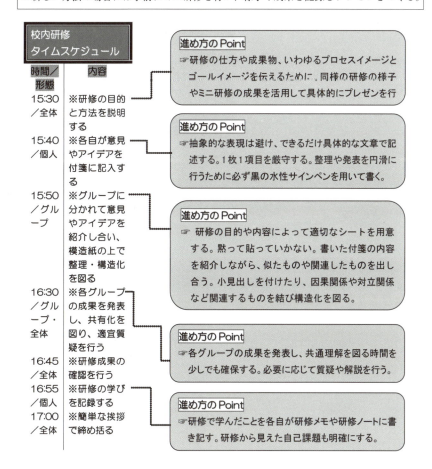

❖ワークショップ型研修の基礎・基本

成果物のデジタル化

　ワークショップの場合、さまざまな成果物ができあがる。現物への思い入れは強いが、パワーポイントやWord等で整理することを勧めている。とくに、パワーポイントはプレゼンに用いることができるので有効である。

　たとえば、写真は鳴門教育大学教職大学院（平成21年度）の授業のなかで受講生によって作成された成果物である。図はデジタル化したものである。この授業では、ワークショップの様子の写真や研修プランだけでなく、すべての成果物の共有化を重視しているので、必ずパワーポイントにしてもらっている。

小学校国語ワークショップ（デジタル処理）

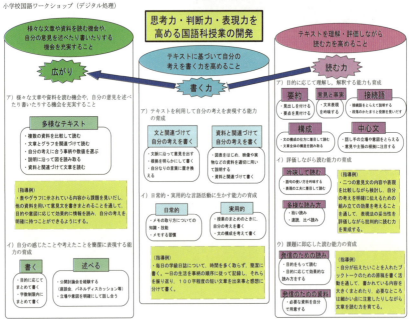

§2 技法編

❖ワークショップ型授業研究の手法

KJ法

　ワークショップ型研修全般において一般的に行われている手法はKJ法である。KJ法とは、文化人類学者の川喜田二郎の頭文字をとって命名された手法である[注]。野外科学の一手法として考案された。野外で観察して得たさまざまな情報を研究者の先入観にとらわれることなく整理し、相互に関連づけていくことにより、今まで知り得なかったあるいは思いもよらなかったような新たな発見を引き出そうとするものである。未整理な情報や散在しているアイデアなどを集約するのに有効な手法である。アイデアを広げていく際に用いられる「ウェビング法」は拡散思考を助けるツールであるが、KJ法は収束思考を助けるツールとして代名詞的な存在である。

　KJ法を活用した授業分析における一般的な手順は次のとおりである。

　①授業観察による気づきや発見を付箋に書き出す。1枚の付箋には一つの事柄だけを書く。付箋の使い方（付箋の色と記述内容の関連、糊付け部分に対して縦置きか横置きか、縦書きか横書きかなど）の約束事を確認しておく。

　②付箋がおおよそ集まった段階で、グループ分けを行う。同じような記述内容の付箋をひとまとめにして線で囲み、小見出しをつける。

　③グループ間の関係を分析し、その関係を矢印等で示す。また、気づいたことやまとめなどを直接書き込んでもよい。

　KJ法はワークショップ型の授業分析においても最もよく使われる手法である。他の手法は原則的にはこの手法を活用したものである。観察者の気づき等を反映して自由な視点から授業を分析する際には有効であるが、整理・構造化に慣れが必要であり、作業時間もかかる。そのために、分析の視点や手順を示す授業分析のためのさまざまな手法やワークシートが開発されている。

《注》

　川喜田二郎『発想法』中央公論社、1967年。

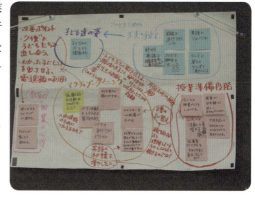

§2 ❖ワークショップ型授業研究の手法

短冊法

　KJ法を簡略化したのが短冊法である。チーム内で付箋の簡単なグループ分けが終わった時点で、構造化まで行わずに、代表的な記述やポイントを短冊に記述する。複数チームで同じ授業を観察・分析する場合には、各チームの結果を学校全体で集約するのに有効である。各チームからあがってきた短冊を使って簡便なKJ法を再度行い、学校全体で成果をまとめるのである。

　写真上はある学校のワークショップ型授業研究における一つのチームの成果物である。上段が「成果やよかった点」、中段が「疑問や問題点」、下段が「助言や改善策」である。複数チームから出されたこのような短冊を整理しなおせば、学校全体で授業の成果や課題、改善策を集約することができる。

　写真下は高校が学校訪問報告会で行ったワークショップの様子である。手前のテーブルにあるA3のシートと黒板の3枚の模造紙は同じ形式である。縦が「すぐにでも実施可能」「今年度中に実施可能」「次年度から実施可能」、横が「教員個人で実施可能」「学校ぐるみで実施可能」「学校外の協力を得て実施可能」のマトリクスである。各教職員がこれらの視点を踏まえて2校の訪問報告を聞き、自校で実施可能なアイデアを付箋に書きA3のシートに貼り、チーム内で整理し、共通項を短冊に記し、その短冊を模造紙上で再度整理した。簡便なKJ法を2度行った。具体的なアイデアが共有化され、この日を契機にボトムアップ的に学校改革が進んでいった。

❖ワークショップ型授業研究の手法

概念化シート

「概念化シート」とは「体験からの気づきを学びへと転換させるために用いる振り返りのワークシート」として開発された[注]。それをさまざまな研修場面に援用している。

授業研究に用いる際には、縦軸に「プラス面（よかった点、参考になった点）」と「マイナス面（改善すべき点、問題点）」とし、横軸を「児童・生徒」と「教師」とする。授業観察によって記述された付箋を該当する四つのゾーンに振り分けながらKJ法による整理・構造化を行うため作業時間の短縮に繋がる。児童・生徒の学習活動と教師の教授活動との関連は必然的なことであるので、整理が進んでいけば軸を越えての構造化を図る。なお、軸の上下左右に強弱は想定していないので記述した付箋は各ゾーンのどこにおいてもかまわない。

この手法のメリットは本時案の展開や事前に示された分析視点にとらわれることなく多様な視点からのコメントが出てくる点である。四つのゾーンが設定されているのでKJ法よりも簡便である。この手法を体験した大学院生は「授業者の行動がどのように生徒に影響しているかについても考えることができた。生徒の課題を生徒の責任とせずに、その原因を授業者の視点から考え、改善のための提案まで行うことができた。授業者と生徒、よい点と課題との関連を考え、課題をどのように克服すればよいのかを話し合うことができ、改善に向けての建設的な話し合いとなった」と述べている。撮影の仕方にもよるが、ビデオで授業分析を行うときは、子どもに関する付箋が少なくなる傾向がある。

《注》

河野昭一「体験活動における自立化と教師の支援について――『概念化』シートを活用した自己評価・他者評価を通して」鳴門教育大学大学院修士論文、2005年。

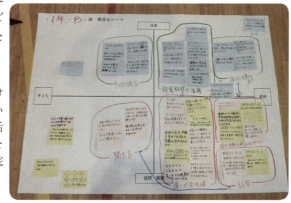

❖ワークショップ型授業研究の手法

マトリクス法

　マトリクスとはn×nの表である。授業分析の場合には3×3の表を用いることが多い。写真下のように、行の部分を「成果やよかった点」「疑問や問題点」「助言や改善策」とし、列の部分をその学校あるいはその授業で設定している授業分析の視点とする。写真下ではその授業を行った教師が設定している授業づくりの視点である「学習への関心・意欲」「協働的な活動」と「その他」が置かれている。授業づくりや分析の視点があらかじめ決められている場合には、必ずその視点を踏まえて分析することになる。

　付箋をまず該当するセル内に置き、その後に整理を行うので時間の短縮に繋がる。他のシートと同様に、セルを越えて構造化を行うことが重要である。また、「助言・改善策」のセルが事前に設定されているために、疑問や問題点の提示にとどまるのではなく、具体的な助言や改善策が引き出されやすい。

　「マトリクス法」については、「話し合うことが焦点化されていた」「研究主題とかかわるために成果について教科を越えて話し合えた」と評価される一方で、「どの項目に分類すればよいかがむずかしかった」「視点を意識して観察する必要がある」という感想が多い。

　各自で付箋を書くときは「助言・改善策」は思いつかなくてもよい。ワークショップの際に「疑問・問題点」に関して協議した結果を桃色の付箋に書いて関連づけて貼っていくとよい。

§2　技法編

❖ワークショップ型授業研究の手法

指導案拡大シート

　指導案拡大シートは2通りある。一つは、写真上のように本時案をA3判に拡大して模造紙の真ん中に貼る場合である。一つは、写真下のように本時案をそのまま拡大機で複写する場合である。

　いずれも、授業展開に沿って、教師や子どもの活動をきめ細かく分析することができる。一般的に、片方が子どもの活動、もう片方が教師の活動を表しているのでその関係が掴みやすい。

　付箋の色（たとえば、「成果やよかった点」は水色、「疑問や問題点」は黄色、「助言や改善策」は桃色）を違えることで、授業のどの部分で停滞したのか（子ども側の黄色の付箋）、その要因は何だったのか（教師側の黄色の付箋）、どうすればよかったのか（教師側の桃色の付箋）が一目瞭然にわかる。他のシートと同様に、枠を越えて構造化を図ることが重要である。

　「指導案拡大シート」については「各段階における指導者の意識や前後のかかわりの視点を持てた」「生徒の視点で話し合えた」と評価する一方で「本時にとらわれ次時やそれ以降の学習にまで視点が広がらなかった」といった問題点がある。七つの手法のなかでは最も使いやすいとの感想が聞かれるが、どうしても本時だけにとらわれて、単元全体や年間指導計画での位置付け、他教科等との関連などの視点から授業を分析・検討することが行われにくいというデメリットがある。

❖ワークショップ型授業研究の手法

カリキュラムマネジメント拡大シート

　このカリキュラムマネジメント・モデルは、教師が学級担任レベルにおいて総合的な学習をはじめとする教育活動を計画・実施するうえで必要な要素を構造的に整理したものである[1]。モデルを模造紙サイズに拡大し、そのシート上で付箋の整理・構造化を行うものである。

　図に示すように、子どもの実態を踏まえた学級の教育目標の設定、その目標の実現化のための教育実践（日々の授業）のPDCA、教育実践を支える学級経営活動（係活動の内容や担当、生活および学習における集団づくり、教室環境の整備など）や校内組織および家庭や地域連携との、これらすべての要素に影響を与える教師の信念からなっている。教育目標と授業実践と学級経営との3層構造でとらえるものである。

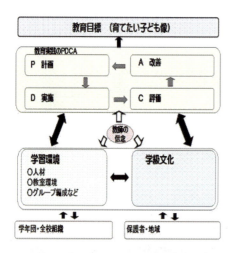

　授業参観者が記述した付箋を手持ちのモデル個人シート（A4判）でまず整理し（写真）、その後に模造紙サイズに拡大したシートの該当箇所に貼る。チームによる拡大シート上での整理が進めば、モデルの枠にとらわれずに構造化を図り、要素間の関連を矢印等で示す。授業開発において考慮すべき要素を多面的に意識して分析することに繋がる。

　個人シートに貼られた付箋と拡大シートに貼られた付箋を比較することで授業開発や授業分析にお

§2 技法編

ける視点の違いや力量の違いが明確になる。若手教師が本時だけにとらわれず、その授業を支えている集団づくりや学級経営等にも目を向けるうえで有効である。夏期休暇など時間の余裕があるときに、授業力の高い先輩教師の実践報告を資料やビデオを交えて聞き、若手教師を中心に中堅の教師も加わり手だてを整理する研修を行いたい。

このカリキュラムマネジメントシートは次期学習指導要領改訂において重視されているカリキュラムマネジメントにかかわる田村知子岐阜大学准教授が開発した学校モデル[2]をベースに作成されたものであるために、学級のカリキュラムマネジメントを理解するとともに学校のカリキュラムマネジメントの理解促進に繋がる。

このモデルを用いて自己の実践を分析された中堅教師は「私がとってきた手だての意味がより明確化することに加えて、PDCAや教師の信念、学級文化、組織、地域や保護者などのさまざまな要因に教師の手だてを整理してもらうことで、それがバランスよく存在し、しかも、それぞれがつながることで、児童の学びが価値のあるものに至ったのだということが実感できた。若い教師にとってはこのシートでの分析は教師としてのセンスを磨くうえで効果的な研修になる」と述べている。

授業研究を通して、次期学習指導要領で重視されるカリキュラムマネジメントを学級レベルととらえ理解していくことは、とくに若い教師にとって有効な方法である。

《注》
⑴　江口慎一「学級担任レベルのカリキュラムマネジメントによる分析」村川雅弘・酒井達哉編著『総合的な学習充実化戦略のすべて——感動を生み自信を育む　子どもと教師がともに成長する』日本文教出版、2006年、138～147頁。
⑵　田村知子「カリキュラムマネジメントの全体構造を利用した実態分析」田村知子・村川雅弘・吉冨芳正・西岡加名恵編著『カリキュラムマネジメント・ハンドブック』ぎょうせい、2016年、36～51頁。

❖ワークショップ型授業研究の手法

高志小方式

　新潟県上越市立高志小学校がかつて行っていた協議会の手法を参考にしたので「高志小方式」と呼ばせていただいている。2003年2月に、授業研究会の前日入りを果たし、懇親会に招かれた。その席上で若い教師が自分の学級だけでなく他の学級の実践を熱くかつ具体的に語り合う姿に驚いた。

　彼らの力量を成長させていた要因は、毎週のように自己の実践に基づいてレポートを書き、互いに読み合い、それを踏まえて研究協議を行っていたことと、その協議方法にあると確信したのは翌日のことである。

　まず、4～5人でチームになり、校内各所で語り合う（写真上）。手にしている紙は各自の実践レポートを綴ったものである。2回目はメンバーを変えて再び語り合う。最後に、全員が集まって一人1分ずつその日の学びを披露する（写真下）。この協議会が若い教師の授業実践力および説明力の向上に一役を買っていた。

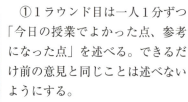

　この方法を参考にしたのが高志小方式と呼ぶ授業分析の手法である。とくに、付箋を書き、模造紙でまとめるという本格的なワークショップを行う時間が確保できないときにお勧めしたい。

　以下の手順で行う。

　①1ラウンド目は一人1分ずつ「今日の授業でよかった点、参考になった点」を述べる。できるだけ前の意見と同じことは述べないようにする。

　②2ラウンド目は一人1分ずつ「今日の授業の問題点や改善すべき点」を述べる。ここでもできるだけ前の意見と同じことは述べな

いようにする。

③3ラウンド目は一人1分ずつ、2ラウンド目に出た問題や改善すべき点を踏まえて、改善案や助言を述べる。

チームごとに、誰かが必ず時間を計って知らせる必要がある。慣れてくると時間を測らなくても1分前後で話せるようになる。また、可能ならば「音の出ないマイク」（太いマジックや細めの懐中電灯などで代用してもよい）を持ってしゃべる。マイクがまわってきたら必ずしゃべることになり、マイクを手にしていない人は途中で発言者の発言を遮ることはできない。最後に各チームから2分程度協議した事項を報告してもらう。5人ずつの5チーム編成であれば、全体の所要時間は25分程度になる。限られた時間のなかで、授業のよさ、問題点、改善点について全員が意見を述べることができる。

マイクを廻すという発想は中野民夫東京工業大学教授の「トーキング・スティック」を参考にした^(注)。中野は「ネイティブ・アメリカンの伝統から来たもので、『棒を持っている人だけが話し、持っていない人は聴く』というシンプルなルールがあった」と述べている。人が話しているときは聴くのが一般的であるが、人の話に突っ込みを入れることをよしとしている文化の地域ではとくに有効である（笑）。実は筆者はその出身である。

少し時間の余裕があれば、付箋と短冊を使う。各ラウンドが終わったら、そこで出た意見をまとめて手分けして付箋に記すのである。そうすることで、その授業の「成果やよかった点」「疑問や問題点」「助言や改善策」が形として残り、授業者に手渡すことができる。研修会後に授業者自身で付箋を整理・構造化することが可能となる。最終的に各チームが成果を発表する際にも、このような付箋があれば有効である。付箋の記入の時間を確保しても、5人チーム編成であれば、全体の所要時間は40分程度である。

《注》

中野民夫『ワークショップ——新しい学びと創造の場』岩波新書、2001年。

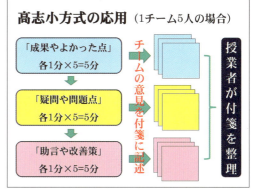

❖ワークショップ型授業研究の手法

多様な分析手法の組み合わせ

　ワークショップ型授業研究にはさまざまな手法があり、各々メリットとデメリットがある。たとえば、「指導案拡大法」は「導入→展開→まとめ」と授業の展開を踏まえながら学習活動と教授活動との関連を丹念に分析していくのには有効だが、どうしても本時だけにとらわれやすい。「マトリクス法」は学校や授業者がぜひ検討してほしい視点について必ず協議する点において有効だが、それ以外の視点が出にくく、他の多様な要素・要因との関連は見えてこない。「概念化シート」は本時や指導案だけでなく学習環境や単元全体のこと、日々の学級経営等との関連など、多様な視点からの意見が出やすいが、まとまりに欠けやすい。「KJ法」は「概念化シート」以上に多様な視点からの意見が出てくるが、意見が散逸する危険性が高く、また整理・分析に慣れが必要である。

　筆者が推奨している方法は複数の手法を組み合わせることである。たとえば、写真の中学校は、「指導案拡大法」「マトリクス法」「概念化シート」を２チームずつ設定した。「KJ法」や「短冊法」を入れてもよいだろう。多様な手法を組み合わせることでメリットが活かされ、デメリットが解消される。また、授業研究で多様な手法を経験しておくことで、さまざまな課題の研修に応用できる。できる限りローテーションで多様な手法を体験できるようにしたい。

　多様な手法を組み合わせた場合には発表の順番にも配慮したい。筆者が推奨しているのは、①「指導案拡大シート」で授業展開を確認しながら子どもと教師との関連を丹念に追う、②「マトリクス」で事前に設定した視点についてしっかりと分析する、③「概念化シート」で多面的な視点から子どもと教師を関係付ける、④KJ法や短冊法でさらに多面的な視点から分析を行う、といった順番である。

§2 技法編

❖ワークショップ型授業研究の手法

授業者自身による分析

　ワークショップ型の事後検討会を行う際に問題となるのが、授業者の立ち位置である。かつてはワークショップのチームに入らずに少し離れたところで不安げに座っている様子を見かけることが多かったが、最近はワークショップの手法に慣れてきたのか、各チームを巡って質問に答えたり、いずれかのチームに入って一緒に付箋書きや整理を行ったりする光景を見かけることが多くなった。しかし、いずれも授業者の思いや考えがチームの検討に影響を与える危険性が高い。とくに、授業者が年配の場合には、若手教師が意見を述べにくい状況に陥りやすい。

　筆者が推奨している方法は、どのチームにも属さずに授業者自身もワークショップを行うことである。授業のよし悪しについては授業者が一番わかっている。「つかみはよかった」「教材が思ったよりむずかしかった」「子どもの一人ひとりの考えをうまく拾いきれなかった」「発表させるときに実物提示装置を使えばもっと交流が深まった」などのさまざまな思いが授業途中から巡っている。そういったもやもやしたものを言葉にして付箋に吐き出すことを奨励している。「何がよかったのか」「どこが問題だったのか」「どうすればよかったか」などについて授業者自身も具体的な考えを形にしておくことで、他の教師の分析結果を受け入れ、比較したり関連づけたりして深く学ぶことができる。

　授業者自身によるワークショップにもいくつかのパターンがある。

　①**授業者が一人で行う**：写真はある小学校の事後検討会の様子である。手前の教師が授業者で、本時案をA3判2枚に拡大したシート上に付箋を貼っている。付箋の色の使い方は他の教師と同様である。

　②**複数の授業者が一緒に行う**：ティームティーチングによる授業の場合には二人以上でワークショップを行う。外国語活動や英語でALTと組んだ場合には、ALTと

共に行う。

　③**協働で教材研究や指導案作成を行った教師と行う**：教科部会や学年部会で教材研究や指導案検討を行った場合には、まさに一心同体の場合が多い。前夜まで喧々諤々の議論を行い、当日朝を迎えたという場合も少なくない。そのような場合には、授業者と同じ目線で本時を振り返りながらワークショップを行うのである。

　写真上は鳴門教育大学教職大学院の現職院生向けの必修科目「ワークショップ型研修の技法」でワークショップ型授業研究を体験してもらった授業の一コマである。生の授業を参観することができないので、右奥の院生が入学以前に実施した英語の授業のビデオを受講生全員で参観した。手前の二人はこの日の授業のコーディネーターである。授業者とコーディネーター2名の合わせて3名でワークショップを行っている。その際、指導案拡大シートを用いた。

　写真下は発表の様子である。「指導案拡大シート」（模造紙サイズのものとA3判のものとの2パターン）「マトリクス」「概念化シート」「KJ法」の5チームの発表の後に行った。3人による分析結果についてコーディネーターの一人が発表している。各チームのワークショップの成果発表を受けての授業者による自評はその後に行われた。授業者自身が分析結果を発表するのが一般的ではあるが、あえて客観的な視点から発表を行った。

　なお、事後検討会の冒頭では、授業者による反省の弁は行わず、授業説明だけにとどめ、自評および抱負はすべてのチームの発表の後に行ってもらうことはぜひ採り入れてほしいことの一つである。

§2　技法編

❖ワークショップ型授業研究の手法

授業のコメントを書くタイミング

　授業のコメントを書くタイミングは3パターンある。

　①**参観中に書く**：授業を参観しながら付箋に書いていく方法である。メリットは、参観メモを付箋に記述する時間の節約になる、その時点で些細と思ったことも記述され、残ることである。デメリットは、比較的多くの枚数の付箋が必要になる、走り書きになることが多く、ワークショップの際に判読できない場合があることである。結局は多くの付箋を扱うことになり、ワークショップ自体に時間がかかる。

　②**参観後、事後検討会までの時間内に書く**：授業参観の際のメモを基に事後検討会までに付箋に転記する方法である。①のデメリットは解消されるが、実際に学校現場では、子どもを帰したり突発的なことが発生したりして徹底されないことが多く、事後検討会が始まってから書くための時間を確保することになりかねない。

　また、①②共に共通して、写真下のように付箋の書き方等の確認を徹底しておく必要がある。

　③**事後検討会のなかで時間をとって書く**：配布された指導案や自前のノートにメモをしておき、ワークショップの直前に付箋に記述する方法である。この時点でコメントの取捨選択が行われる。メリットは使用する付箋の量が限定されることである。また、記述の際にきっちりと文章化し、判読可能な文字を書くことができる。概念整理が行われる。経済的な見地およびワークショップの時間の制約から筆者は③を勧めることが多い。

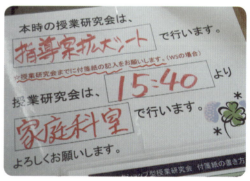

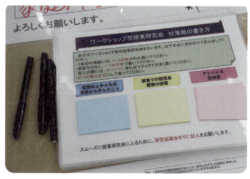

❖ワークショップ型授業研究の手法

本時の分析を通して単元や年計を見直す

　生活科や総合的な学習の時間などは、単元計画や年間指導計画（年計）を夏休みや年度末に実践を踏まえて見直すことが必要である。授業研究の際に、同時に、その単元や年計を見直すことも可能である。1時間の授業を窓口として単元や年計を見直すことはきわめて重要なことである。

　広島県のある小学校の4年の総合的な学習の時間の事後検討会の様子である。五つのチームに分かれてワークショップを行った。

　一つ目のチームは「指導案拡大シート」を使って本時について分析した。

　二つ目のチームは「概念化シート」を使って本時について分析した。

　三つ目のチーム（写真上）は4年の教科書を2セット持ち寄って総合的な学習と教科等との関連を中心に単元計画を見直した。

　四つ目のチームは同小が重視している評価の観点や方法を中心に単元計画を見直した。

　五つ目のチームは総合的な学習と教科、道徳、特別活動との関連を意識して見直した（写真下）。

　発表はこの順序で行い、本時の成果や課題、改善策を踏まえたうえで、単元計画や年計を見直していった。1回の事後検討会で、本時と単元および年計のつながりを意識した発表や協議を展開することができた。

§2 技法編

❖ワークショップ型授業研究の手法

多くの教師の授業公開・授業研究を実現する

　中規模以上の学校だと一人１回の授業研究会を確保するのはむずかしい。学校がめざしている授業についての共通理解を図るために全員で参観・協議する機会も必要だが、その形態をすべての教師に適用するのは困難である。三重県鈴鹿市立千代崎中学校で行った方法をぜひ勧めたい。

　ある日の１限から５限のなかで空き時間が同じ教師がチームになり授業を参観し（写真上）、放課後に５チームに分かれてワークショップを行った（写真下）。それを３週間（のべ３日）続けた。その結果、15名の教師が授業公開・授業研究を行った[注]。

　この方法であれば、限られた日数のなかで多くの教師が授業公開・授業研究を経験できる。一人ひとりが授業の各要素（発問や板書、教材、ノート指導、グループ指導、子ども理解と個別対応等々）についての成果や課題、改善策を丹念に見取り、記述するかが重要となる。６～７名のチームでも授業の各場面・各要素について成果や課題、改善策をバランスよく評価し、互いのコメントを整理・構造化し、検討結果を「見える化」するワークショップ型授業研究は有効である。この方法は現在も千代崎中学校だけでなく鈴鹿市立平田中学校で続けられている。

《注》
　村川雅弘「特色ある教育活動の見直しと空き時間活用による授業改善」村川雅弘編『「ワークショップ型校内研修」充実化・活性化のための戦略＆プラン43』教育開発研究所、2012年、207～212頁。

§2

❖ワークショップ型授業研究の手法

事後検討会のシステム化

　ワークショップ型授業研究は、スクール形式やロの字型の形態による一人ひとりが順次コメントしていく従来の方法と異なり、準備・運営が必要となる。そのために、ワークショップ形式に二の足を踏む学校も少なくない。

　香川県高松市立下笠居小学校の事後検討会のシステム化の事例を紹介する。下笠居小では事後検討会のことを「授業討議」と呼んでいるので、その名称を用いる。

　下笠居小がシステム化を実現したのは平成22年度である。当時の教職大学院生の渡邊弘明教諭（現下笠居小学校教頭）が東京都東村山市立大岱小学校を深く研究し、そのノウハウを自校化した(注)。平成28年9月に同校の授業討議に参加し、当時の教職員の9割近くが入れ替わった現時点においてもシステムが機能している。余談だが、町川哲校長は23年前のゼミ生である。

　大学宛に事前に送られてきた研修会要項には、学校全体の研究主題や研修内容、研修方法、研究組織が示され、続いて、当日の学習指導案（日時、単元名、主張点、単元観、単元目標、評価基準、単元構成、本時案、板書計

☆討議の流れ

① はじめに　　　　　14:30～14:40
　・授業者による授業説明(5分)
　・質疑応答(5分)
② グループ討議　　　14:40～15:10
　（指導案拡大法による授業討議）
　・成果・課題・改善策（各10分）
③ グループ交流　　　15:10～15:25
　・各グループ発表（各3分）
④ まとめ　　　　　　15:25～15:30
　・授業者改善策発表（5分）
⑤ 御指導　　　　　　15:30～16:30
　　鳴門教育大学教授　村川雅弘先生
⑥ 振り返り　　　　　16:30～16:35
　（研究授業を通して学んだことを記録する。）

　授業討議が始まるまでの時間を使用して、付箋に「成果」「課題」「改善点」を記入しておいてください。

　・「成果」→ピンクの付箋
　・「課題」→水色の付箋
　・「改善策」→黄色の付箋

画）が記載されていた。特徴的なのはその後である。「討議の流れ」（前頁図）、「グループ編成」（下図）、「役割分担」の３枚のスライドのコピーが綴じられている。

「討議の流れ」については平成22年度と大きな違いはない。この日は筆者の１時間程度の指導・助言の時間を確保するために通常より早く開始しているが、①から④および⑥の展開および時間は通常どおりである。基本的には流れや作業等の時間を変えないことが望ましい。教員もその展開や時間感覚で効果的に進めていけるだけでなく、各データが微調整で済む。研修会を準備する者にとってとてもありがたい。また、印刷・配付することにより研修冒頭のプレゼンの時間を節約できる。

「グループ編成」に関しても同様で、事前配付により研修会場に入る段階で自分のグループが確認できる。ここでもロスタイムが緩和される。「グループ編成」のデータもパワーポイントで作成されており、編成を変更する場合は、氏名のコマを入れ換えるだけで済む。渡邊教頭は教職大学院時代に

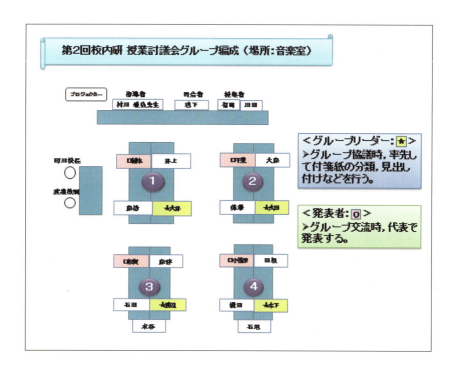

「PDCAサイクルが機能する授業改善システムの整備」という研究課題で置籍校の授業改善・学校改革にかかわったが、随所でこのようなシステム化を図り校内研修やマネジメントの効率化を行った。

しかし、今回の訪問で残念なことが２点あった。１点は付箋の色使いである。前掲の「討議の流れ」をご覧いただきたい。筆者は「成果は水色」「課題は黄色」「改善策は桃色」と国内はもちろん海外においても統一しているが、なんとお膝元の元ゼミ生２名が管理職の学校で反旗を翻している（怒）。これについては目をつむり、学校の伝統を守っていただこう（笑）。

もう一つ残念だったことは、研修会場での校長と教頭の位置である。各グループから離れた場所に席がある。筆者は管理職もワークショップのいずれかのグループに入ることを勧めている。この点に関して確認した。校長は研修の様子を撮影しながら各グループにかかわり（写真上）、教頭は各グループを回りながら支援する（写真下）。研修中、校長が各グループに声をかけながら撮影する様子、教頭が適宜支援する様子を数多く目にした。また、研修会最後の校長挨拶では各グループの取り組みについて具体的なコメントをされた。

役割分担も事前に示されている。たとえば、「司会者は、研修会場の黒板に主張点を板書する」「討議記録者は、討議後の黒板写真を撮って、印刷して先生方に配付する」「指導記録者は、ご指導をうけた内容を記録し、印刷して先生方に配付する」「写真記録者は、授業の様子（板書、児童の取り組み等）をデジカメ・ビデオで撮影する」「湯茶準備は、２年団が行う」「会場設営は司会者を中心に高学年部会で行う」などがパワーポイントで作成されている。

§2 技法編

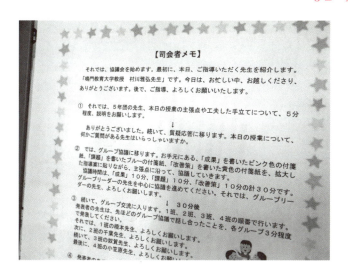

　上の写真のような「司会者メモ」(一部) も作成されており、その日の指導者名や学年および授業者名等を書き換えれば、誰が担当しても円滑に司会進行が進められるようになっている。

　研究授業の直前に授業者自身が隣の空いている教室で授業解説を行う方法も大岱小から学び、いまも踏襲している。

　また、授業者も自らワークショップを行う。今回は5年担任2名によるティームティーチングであったために、5年団にかかわっている池下奈津見教務主任（当日の司会）も加わり3名でワークショップを行った（写真下）。本時案をA3に拡大したものを用いて「成果」「課題」「改善策」を話し合い、付箋に書き、貼って整理している。

　最後に、その日の授業研究を通しての「研究授業を通して学んだこと」と「これからの授業に生かしていきたいこと」についての振り返りを行う（次頁写真）。現在は1枚のシートでまとめている。22年度当時は付箋に記入しておき、「授業改善アイデアファイル」に綴じ、付箋がある程度たまった時点で整理し、研修を通しての学びの構造化を図っていた。

変更理由について、渡邊教頭は「ためてきた複数の付箋を効果的に整理・構造化していくには、いくつかの手順に沿って再構成していく時間が必要だった。成績処理等で多忙となる学期末にこのような時間を設定していたために、先生方の多忙感をむしろ増大させてしまう傾向が次第に見られるようになってきた。そこで、研究授業から学んだことや今後の授業改善目標を1枚のシートに表記する時間を、授業討議後のみに設定するよう効率化を図った」と述べている。学校の実態に応じて改善を図っている。システムのよい面を継承すれども形骸化しない配慮がなされている。システム自体においてもPDCAサイクルが機能している。

　この日の研究授業を通しての教員2名の学びを紹介する。「人に伝えることで、自分の持っている情報が整理され、自分のものになっていくこと。すぐに専門家に頼るのではなく、まず自分たちで考え調べること。こういったことの積み重ねで『ことばの力』や生きて働く力、学力が身に付くのだと思いました」「子どもが自分の考えを言い放しにならないようにするために、理由づけ根拠づけが必要。その理由づけが自分の思いだけにならないような客観的なデータを示すことが教師の支援として必要ではないか」など、授業討議および筆者の指導を通して学んだことが自らの言葉で整理されている。

《注》

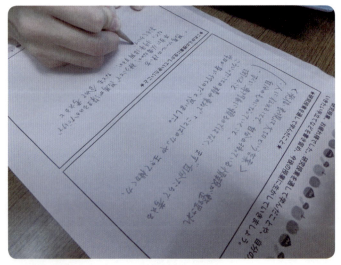

渡邊弘明「大岱小の取組みに学ぶこと」村川雅弘・田村知子・東村山市立大岱小学校編『学びを起こす授業改革』ぎょうせい、2011年、132～140頁。

§3

課題・事例編

❖多様な研修課題への対応：校内研修編

グランドデザインの具現化

　次期学習指導要領改訂のなかでは、各学校においてカリキュラムマネジメントの充実が求められている。カリキュラムマネジメントのカリキュラム部分のP（計画）の具体的なものが学校経営計画や教育課程全体計画、グランドデザインと呼ばれるものである。一部の教職員により作成され、「絵に描いた餅」となることは避けたいものである。

　愛知県知多市立旭北小学校の事例を基に、グランドデザインを学校創意のものにしていくためのワークショップを紹介する。

　28年度4月に赴任した河合康博校長がグランドデザインのたたき台を4月下旬に提示した。各教室に足しげく通い、教師や子どもと密にかかわり、学校のよさや課題を熟知したうえで策定した。6月上旬の「親子ふれあい教室」に合わせて臨時で発行された保護者向けの「学校だより」では作成への想いを次のように語っている。

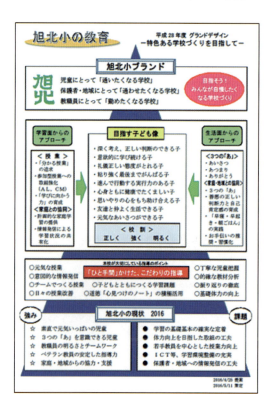

　「これは、教職員や保護者をはじめ、本校の教育に関わる全ての人に、本校が目指す教育の方向性をご理解いただき、共有し合うことで、教育効果がより高まることを期待して作成したものです」「今年度のキーワードは『ひと手間かけた、こだわりの指導』といたしました。（中略）これらの成果は、近いうちに目に見える形として、皆様に提示できるものと信じております」「『作っただけでは終わらない』を合言葉に、今後本校の教育に根付かせたいと考えて

§3 課題・事例編

おります。応援してください」。

校長の思いを受け全教職員で「グランドデザイン具現化ワークショップ」を実施した。その際に、次の四つのねらいを共通理解している。
①校長のビジョン（グランドデザイン）を教職員で共有する。
②その実現化のための具体的な手立てを考える。
③①②を通して学校づくりの方向性を一にする。
④グランドデザインを学年および校務分掌等で実現する。

手順は以下のとおりである。まず、グランドデザインについての考えを各自が付箋に書く(15分)。「グランドデザインにない新たな提案」(桃色)、「グランドデザインを実現するための手立て」(黄色)、「グランドデザインを実行することで見られるであろう理想とする具体的な子どもの姿」(青色)と3色の付箋を使い分けている。

次に学年を越え経験年数のバランスを考えたチームで整理し（20分）、その成果を発表した（20分）。

ワークショップを取り入れたことにより、教職員一人ひとりがグランドデザインの趣旨を理解し、日々の授業、学校行事、家庭や地域とのかかわり、担当する校務分掌等において自分に何ができるかを具体的に考えることができた。

その後、全教職員で意識化と実現化を図るために、ワークショップの成果を踏まえて校長が改訂した新グランドデザインを拡大して職員室に掲示したり、廊下や玄関、校長室等に掲示したりして、保護者や来客に発信している。

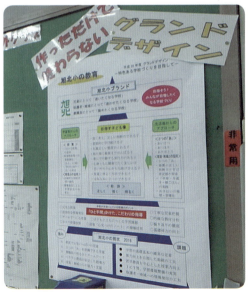

❖多様な研修課題への対応：校内研修編

社会に開かれた教育課程をめざして

　ワークショップを踏まえて改訂された愛知県知多市立旭北小学校のグランドデザインは、以下のような方法で家庭や地域に発信されていった。

　①5月下旬のPTA運営委員会の席上で、ワークショップでの各チームの成果物と新グランドデザインを示しながら、作成までの経緯を伝えた。このことにより、PTAと学校が運営方針を共有することができた。

　②6月上旬の「親子ふれあい教室」の行事に合わせて臨時の「学校だより」を発行し、保護者にグランドデザインを示すとともに校長の想いを添えた。

　③6月中旬の学校評議会において、グランドデザインを説明したうえでワークショップを行った。評議員からよい点や改善してほしい点を指摘してもらった（写真上・下）。学校の応援団ともいえる学校評議会に対して、グランドデザインを理解してもらうだけでなく、具体的な支援策やアイデアを引き出している。このワークショップの成果は八釼明美教務主任が毎週発行している「職員室だより」を通して全教職員に発信されている。

　これからの教育課程は、学校と社会が共に教育のあり方を具体的に考え共有化していくための基盤づくりが、困難な次代を生き抜くための資質・能力を育むうえで不可欠となる。学校が教職員の創意で作成したグランドデザインのもとで、学校と家庭や地域がどう連携・協力していくか、その具体として、この一連の取り組みは示唆に富む。

§3 課題・事例編

❖ 多様な研修課題への対応：校内研修編

児童・生徒の実態把握と共有化

　学校が組織として子どもを育てていくうえで、実態に基づいた目標の具体化と共有化はきわめて重要である。目標のベクトルが共有化されることにより、組織は有効に働く。多くの学校では、自校の子どもの実態を踏まえて学校教育目標やめざす子ども像をあらかじめ決めているが、子どもの実態は年度によって異なる。できれば毎年度見直しを図りたいものである。

　鳴門教育大学教職大学院の現職院生は、置籍校の実態を基に課題を明らかにし、その解決に向けての具体的な計画を、管理職を含む同僚や大学教員と作成する。その際に必ず実施しているのが、児童・生徒の実態把握の共有化である。管理職も含む教職員全員で、自校の児童・生徒の「よさ」と「課題」を明確化することが、授業や研修および学校の改善や改革の計画立案の大前提となっている。

　そのワークショップで用いるシートは「概念化シート」である。下図のように、縦軸を「よさ」「課題」、横軸を「学習面」「生活面」とする。意見の書き込みに用いる付箋は、「よさ」を水色、「課題」を黄色とするとわかりやすい。

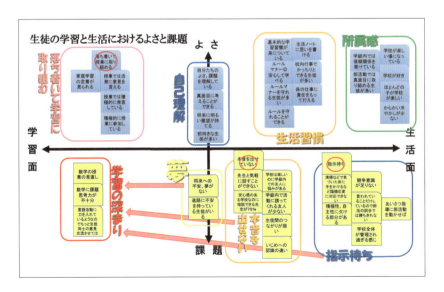

次年度の研究の方向性を決める年度末の2～3月頃に、全国学力・学習状況調査や学校評価、教職員や児童・生徒に対するアンケート、QU、新体力テスト等に加えて、子どもたちとのかかわりを通して感じていることなども踏まえて具体的な記述を図りたい。

様式3	校内研修プラン		
		学校名	
種別	主題研修・一般研修	研修タイトル	生徒のよさと課題の共有

本研修の目的	①個々の教師の気づきによる生徒の実態（学びと生活におけるよさと課題）の特徴を可視化し共有する。 ②生徒の実態の共有により、協働的に課題解決に向けての方策を探る。
工夫した点	・学校評価で得られたデータをベースに各自の気づきを共有し漠然としていた課題を明確にするためワークショップ型研修を取り入れる。ベテランの先生にファシリテートをお願いし事前に打ち合わせをする。最後の発表は若手の先生にしてもらう。また付箋に多く書いてもらえるよう事前に子どものよさと課題について考えておくことを伝える。

本研修の概要	実施時期	次年度の教育課程編成前（1月～2月上旬）
	対象者	全教職員
	研修形態	学年・教科縦断チーム（1チーム5～6人）
	準備物	・アセスメントデータ ・付箋紙（75mm×75mm、2色×10枚×人数） ・サインペン（人数分） ・模造紙（各チーム1枚）
	時　間	60分～70分

研修全体の流れ（時間）	研修の進め方（○）及び留意点（・）
①本日の研修について説明をする。（5分間）	○研修の主旨と内容について説明を行う。 ・到達目標をイメージできるようにゴールイメージを示す。
②アンケート等の結果を提示する。（10分間）	○アンケート等の結果からデータに基づいた子どもの実態把握をする。 ・学校のよさ、課題が分かるようにデータをまとめ提示する
③付箋紙に記入する。（10分間）	○個人が抱いている生徒のよさと課題について記入する。 ・付箋には具体的かつなるべく短い文章で書く。
④付箋紙を模造紙に張りながら類型化する。（10分間）	○生徒のよさと課題に分けて付箋を貼る。 ・一人ひとり意見を言いながら付箋を貼り同じ意見は重ねて貼る。 ・新たに浮かべば付箋紙に書き加えてもよい。
⑤分類したものを構造化する。（15分間）	○話し合いながら3～4つのグループに大きく分類しそれぞれの関係性を矢印等も使い構造化する。 ・それぞれの関係性を構造的に解釈し項目に見出しもつける ・時間があれば、取り組むべき課題の焦点化も考えてみる。
⑦グループごとに結果を発表する。（2分間×チーム数）	○各グループで話し合ったことをまとめて発表する。 ・分類、焦点化したことを短くまとめて発表する。
⑧各グループの意見をまとめる。（5分間）	○各グループの発表との比較をし、共通の課題を出す。 ・共通の課題を提示しこれからの教育課題として共有する。

§3 課題・事例編

❖多様な研修課題への対応：校内研修編

地域を知るフィールドワークとウェビング

　次期学習指導要領では「社会に開かれた教育課程」もキーワードの一つである。生活科や総合的な学習の時間だけでなく、教育課程全体において社会とのかかわりが重視される。そのためには身近な地域の「ひと・こと・もの」を知ることが研修の重要課題となってくる。

　長年その学校に勤務している教師は地域のことをある程度理解しているが、教材化まで考えると表面的にしか把握していないことが多々ある。学校と生活科や総合的な学習の単元づくりを行っていて痛感することは少なくない。ましてや他地域や他校から異動してきた教師には戸惑いは多い。近隣であっても、学校が違えば地域性や子どもの特性が大きく異なる。

　筆者が勧めるのが「フィールド・ワークショップ」である。校区内を巡り、身近な地域素材の活用についてアイデアを膨らませる研修である。年度始めの天気のよい午後にでも、みんなで地域を散策したい。弁当を持参し遠足気分で行うのもよい。校内外の人間関係を築くことにもつながる。異動してきた教師と前から勤務している教師が同じチームになることを勧める。校区が広い・時間に余裕がないなどの場合は複数チームに分かれ、校区が狭い・時間にゆとりがある場合は全員で行動するのがよいだろう。

　訪問先には事前に連絡しておき、今後窓口になってくれる人や説明してくれる人と時間を約束しておきたい。説明を直接聞き質疑応答を行うことで、生活科や総合的な学習、社会科や理科などにおける地域素材活用のアイデアが沸いてくる。前からいる教師にこれまでの取り組みを語ってもらうことも、異動してきた者には参考となる。関連資料をもらっておきたい。

　デジタルカメラも持参し取材したい。学校に戻ったら、大きな校区地図を使って、撮影した写真を該当箇所に貼るなどしてプレゼンし合い、情報やアイデアの共有化を図りたい。撮影した写真や現地

で手に入れた実物資料等は児童・生徒の興味・関心を引き出したり、具体的な指示をする際に活用できる。

平成20年4月上旬、千葉県市川市立行徳小学校の6年団の研修を見た。4人の学級担任のうち2名は5年からの持ちあがりだったが、1名は人事交流により他市から、1名は異動により他校から赴任してきた。この日の研修は、総合的な学習を通して子どもたちに付けたい力の設定と取りあげるテーマを決めるためのワークショップであった。

前半は、「子どもたちに足りない力」と「子どもたちに付いている力」を付箋に書き出し、整理するワークショップを行った。他市・他校から異動してきた教師もたった4日間のかかわりのなかで子どもの特性をしっかりととらえている。10分ほどで付箋を整理することができた。異動してきた教師だけでなく、持ちあがりの教師にとっても子どもたちのよさと課題を改めて見出すことができて、有意義なワークショップとなった。

後半は、地域の「ひと・こと・もの」を整理するワークショップを行った。他市から人事交流で異動してきた教師は、その日の総合的な学習の時間のなかで、子どもたちから町のことを聞き出し、ウェビングにまとめた（写真上）。結局、その成果物がたたき台となり、4人で事実確認を行いつつ、新たな情報を付加していくことになった。この日の45分ほどの学年研修がその後の総合的な学習の年間指導計画づくりに有効に働いた。

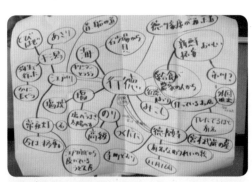

写真下は筆者が宮古島を訪問した際に、小学校2年生に「おじさんに町のことを教えてくれる」と頼んで引き出し、学級担任が書いたものである。子どもたちの挙手・発言が途切れることがなく、40分ほどで模造紙2枚あまりがいっぱいになった。初上陸の宮古島のことだけでなく、身近な地域に対する子どもたちの体験や興味・

関心を把握したことが、筆者がその学校の生活科の教材研究や授業開発を指導するうえで有効に働いたのは言うまでもない。

フィールド・ワークショップはぜひお勧めしたいが、年度始めは何かと多忙な時期である。その地域に住み、生活科や社会科、総合的な学習などを通して地域を学んできた子どもたちに聞いてみることは、地域を理解するだけでなく、子どもたちの実態を把握するうえでも有効な方法である。

単元ごとにウェビングをつくり、関連情報を整理していくことも有効である。具体的な内容や活動、展開を意識し、地域の「ひと・こと・もの」を次々とつないでいく過程で単元構想が明確になってくる。

地域を知るためのワークショップには教師だけでなく多様な方を招きたい。徳島県で特産物（すだち、蓮根など）を活用した授業づくりのためのワークショップを行った際には、実際に栽培している農家の方、JA職員、栄養士、シェフなど、さまざまな立場で特産物にかかわっている方にも参加してもらった。教師だけでは出てこないアイデアを数多く得ることができただけでなく、その人たちを通じて新たな地域人材を紹介してもらうことができた。また、各チームにインターネットに繋がったパソコンを準備したことにより、広い視点から教材研究を行うことができた。写真は「ゆず・すだち」チームの成果物である。

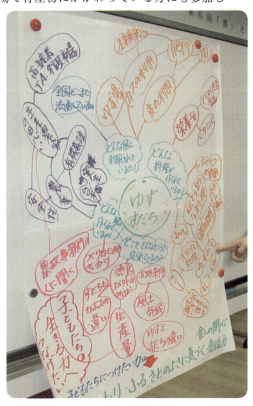

実際の単元づくりに反映されるのはこの成果物の一部である。しかし、このような作業をしっかりとしておくことで子どもたちの興味・関心や突発的な問題で軌道修正を余儀なくされたときに適切に対処できる。広い視野や見通しを持って実践に臨むことができる。

§3
❖ 多様な研修課題への対応：校内研修編

創意で取り組む学校研究とするために

　教職員の研修への意欲や研修自体の成否、研修したことの実践への活用と効果のすべてが研修課題の設定に依存していると言っても過言ではない。教職員の意に沿わない与えられた課題ではなかなか身が入らない。たとえば、子どもの実態や世の中の動向、保護者や地域の人の願い、教師の思いなどを出し合い、どんな力を付けたいのかを吟味し、明確化・共有化を図り、その実現のためにはどのような教育活動を進めていけばよいのか、各々の経験や専門性を基に具体的なアイデアを出し合い繋ぎ合わせて具現化したい。付けたい力を書き出し整理したり、手立てを出し合い具現化したりする際にワークショップは有効である。課題というのは問題点だけをさすのではない、改善やさらなる向上のために取り組むべきことも課題である。研修では問題点の洗い出しで終わらないようにしたい。必ず具体的な解決策をつくるところまで行いたい。

　長崎県長崎市立稲佐小学校は平成18年秋に社会科の全国大会会場校を受けていた。異動してきたばかりの５名の教師には「寝耳に水」だったかもしれない。そこで年度初日の午後にワークショップ型研修を実施した。参加した教職員は18名であった。

　まず、研究主任の説明を聞きながら、全員が「大会までにすべきこととしたいこと」を付箋に書いた。「すべきこと」だけでなく「したいこと」も書くことがやる気を引き出すポイントの一つである。

　次に、６名ずつに分かれて付箋をKJ法で整理し（写真）、似たものを集め小見出しにあたる言葉を短冊に書き記した。そして、その短冊を黒板に貼った模造紙の上でKJ法により整理した。複数チームの成果を学校全体で整理する際には、短冊が便利である。大きく六つの課題（「学びを深める学習規律および授業づくり」「学習・学校環境整備」「地域とのかかわり」など）

§3 課題・事例編

にまとめることができたので、一番活躍できそうな課題を各自で選択してもらった。各教職員の経験や知識が最も活用できる課題を選択してもらうことが参画意欲を引き出し、よい成果物を作成するポイントである。その後、3人ずつのチームに分かれて大会までの具体的なアクションプランの作成を行い、各チームの成果を発表した。全体で約2時間の研修となった。

研修から2日後には「研究組織（案）」と「校内研修年間計画」がメールで届いた。管理職や研究主任が研修計画や組織づくりを行い、トップダウン的に進めていくのではなく、教職員一人ひとりが研究大会に向けた取り組みを自分ごととしてとらえて、意見やアイデアを提供し、それらを整理し形にして、ボトムアップ的に取り組んでいった。

11月の全国大会の朝、玄関口ににこやかに微笑む血色のよい研究主任の姿があった。開口一番、「いやー、楽でした。皆が率先してやってくれました。どこか困っているチームがあればさっと助け合う雰囲気がありました」と。年度当初に全員で全国大会に向けての研修計画を作成してスタートしたからこそ、すべてのメンバーが常に研究全体を先見性を持って俯瞰的にとらえることができた。

どのようなテーマの研究指定であってもそれを学校改善のきっかけとして、全校的に取り組みたいものである。教職員の総意を引き出し整理するうえで「短冊方式」は有効である。

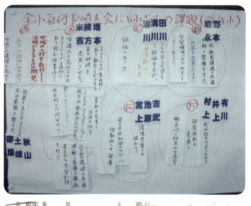

全体会場には、教材研究や授業研究のワークショップの様子や成果物が掲示されていた（写真下）。公開研究会では、授業以外に授業づくりやカリキュラム開発のプロセスを発信することも重要である。

❖多様な研修課題への対応：校内研修編
学級経営のコンピテンシーの向上

　伊達智登世教諭は、若い教師を中心に学級経営に悩む同僚に的確に支援や助言を行いたいとの強い思いから、学級経営力に関する研究を鳴門教育大学大学院で行った。伊達教諭が行った「小学校教師の学級経営におけるコンピテンシー・モデルの開発」の、とくにモデル開発で取り組んだワークショップとモデルを基にしたワークショップ型研修を紹介する。

　コンピテンシーを「学級経営において毎年成果をあげている人にみられる行動特性・思考特性」と定義付け、①学級経営に造詣の深い研究者や実践者による学級経営にかかわる具体的な力の抽出・整理、②小学校教師に対する質問紙調査（とくに、学級経営における成功事例の記述）、③学級経営において毎年実績をあげている教師に対する面接調査、を行った。

　上記の①で行ったワークショップには伊達教諭や筆者以外にも、教育経営の研究者、小・中の中堅教師が参加した。各自がこれまでかかわった数多くの教師のなかから学級経営に優れていた教師が採っていた手立てを付箋に書き、KJ法で整理していった（写真）。

　①から③の手続きを経て、学級経営において成果につながる八つのコンピテンシーとキー・サクセス・ファクター（熟達教師とそうでない人との違い）を明らかにした。たとえば、コンピテンシー1「一人ひとりの子ども理解」に対応するキー・サクセス・ファクターは「子どもの課題や問題行動の背景を多面的に理解する」とし、具体的な手だてとして「○子どもの表情、つぶやき、言動に注意を払い変化を見逃さない。○子どもの内面を読み解く力や子どもの人間関係、健康、安全にも気を配る力を持つ。○日記やよいところを見つけるなどで子どもの内面を顕在化させる場を意図的に設定したり、観察による子どもの気づきを書きとめ蓄積したりする」などを明らかにした。最終的なコンピテンシー・モデルは次頁上の図である。

　モデルの妥当性を検証するた

§3 課題・事例編

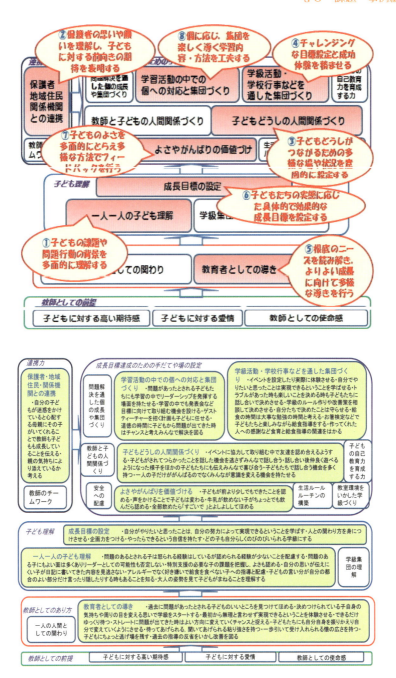

め，学級経営に優れたある教師へのインタビューの結果をこのモデルで整理したのが前頁下の図である。八つのコンピテンシーに関して、満遍なく具体的な手だてを行っていることがわかる。

伊達教諭は開発したモデルを夏季休暇中の校内研修にも活用した(注)。

各教師が自己の学級経営を振り返る際に用いたのが「成果につなげる八つのコンピテンシー分析シート」（個人用に簡略化したもの）である。

①まず、１学期に学級経営や子どもとのかかわり、保護者への対応等に関して自分がとった行動や考え方を付箋に記述し、シートに貼る（写真上）。自己の弱みと強みが明確になる。

②ベテランと若い教師が含まれるチームを編成する。各自が主に学級経営にかかわる具体的な行動の事例を紹介しながら、模造紙ほどに拡大した同じ書式の分析シート上に各自の付箋を貼り替え整理する（写真

§3　課題・事例編

下)。この整理過程でコンピテンシーに関する理解を深めると共に、他の教師が採ってきた具体的な手立てや考えを知る。
　③各チームの成果物を発表する。前頁の図があるチームの成果物である
　①②③を踏まえ、「学級経営目標確認シート」で自己の学級経営のコンピテンシーの活用度を改めて確認する。1学期の子どもの様子から課題を設定し、その解決に向けてどのコンピテンシーを活用するかを表明する。このことにより2学期に向けて明確な課題と具体的な手だてを持って学級経営の工夫・改善に臨むことができた。
　伊達教諭は大学院修了後においても学校現場で開発したワークショップ型研修を実施し、次のように述べている。
　「コンピテンシー・モデルを活用して、学級経営についての校内研修を実施した。漠然と理論を話したり、方法だけを伝えたりする研修ではなく、自分自身の『うまくいった事例』や『うまくいかなかった事例』を出し合い、モデルに整理していく参加型の研修により、ベテラン教師には、改めて自分自身の学級経営をふり返る機会となり、自分の強みや弱みを認識することができた。若い教師には、学級経営にもさまざまな要素があることが理解できた。付箋に書かれた内容は、うまくいったときの行動なので、明日からの学級経営や授業に互いにいかすことができるものであった」。
《注》
　伊達智登世「コンピテンシー・モデルを活用して学級経営力をUP!」村川雅弘編『「ワークショップ型校内研修」で学校が変わる　学校を変える』教育開発研究所、2010年、116～121頁。

学級経営目標確認シート記入例

§3

❖ 多様な研修課題への対応：校内研修編

年間指導計画を全教職員で見直し次年度に繋げる

　神奈川県横浜市立北綱島小学校は防災教育の研究推進校である。一つの学校の防災の取り組みとして汎用性の高いカリキュラムモデルができあがりつつある。身近な地域や家庭と深くかかわった教材（1年「学援隊」、2年「子ども110番の家」、4年「消防団」、5年「家庭防災マニュアル」など）を取りあげ、どの地域の学校でも、大規模校でも小規模校でも取り組めるものである。防災教育の全体計画や系統表、年間指導計画の一つひとつが他校のモデルとなるものである。

　このようなカリキュラムが1年間で完成していったのには要因がある。26年度末3月の研修である。その年度のカリキュラムを叩き台に見直しを行った（写真上）。PDCAではなく、実践を基に見直しを図っていくDCAPである。実際に授業をした教師が気付きを付箋に書いた。筆者は学校現場を指導する際に、「これまでの実績や経緯を大切にしましょう」「実践を基に見直し改善を図りつつ進めていきましょう」と助言することが多い。

　このときのワークショップでは、付箋を3色使い分けた。26年度の取り組みを振り返り、「もっと教科等との関連を図れないか」（水色）、「もっと地域の多様な立場や年代の人とかかわれないか、家庭をうまく巻き込めないか」（桃色）、「もっと安全・防災との関連を図れない

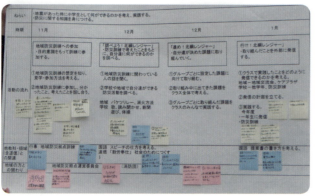

§3 課題・事例編

か」(黄色)とした(前頁写真下)。三つの視点から改善策やアイデアを出し合った。ワークショップ全般に通ずることであるが、コメントやアイデアを書く際に、複数の付箋に視点を持たせることにより、思考がそれらの方向に促進される効果がある。

　学年ごとに見直すグループ以外に、学年間系統化チームをつくった。防災教育に関して、各学年の発達段階とか、各教科等の目標と内容との関連を見取ったときに、「この学年ではないほうがよいのではないか」「この学年の内容は他の学年と重なる」など、学年間の繋がりを見直していった。学校全体を見ている校長や副校長、教務主任などによる編成とした(写真上)。1年から6年までの防災カリキュラムの大きな流れをつくり出すことができた。

　年度末の時点では、学年間系統化チームを除き、各学年のカリキュラムをつくり直す必要はない。この年度で実践した教師が体験を通した気付きを拡大した年間指導計画に貼っておくだけでいい。

　27年度の5月中旬の研修では、前年度の教師がいろいろと改善策やアイデアを整理してくれていたので、新しく異動してきた教師も加わり、新たな学年集団で年間指導計画を整えていった(写真下：右手前と背面の成果物が前年度のもの)。

　前年度末に1年間の実践に基づいた振り返りを通して、授業者自らが体験に基づいた適切な提案や助言がなされたことにより年度始めの年間指導計画づくりを円滑に進めることができた。前年度の教員から新年度の教師へのバトンがうまく手渡されている。子どもや地域の実態や特性を踏まえて継承しつつも形骸化しないために有効な方法である。

§3 ❖多様な研修課題への対応：校内研修編

総合的な学習の時間と各教科等との関連

　次期学習指導要領で重要視されているカリキュラムマネジメントの実現に向けての三つの側面の一つ目として「各教科等の教育内容を相互の関係で捉え、学校の教育目標を踏まえた教科横断的な視点で、その目標の達成に必要な教育の内容を組織的に配列していくこと」が示されている。教科別指導中心の中学校や高等学校においては、すぐには教科横断的な教育課程を作成・実施していくのはむずかしい。そこで鍵となるのが総合的な学習の時間である。総合的な学習の時間の年間指導計画がおおよそ決まった時点で、各教科の教科書を持ち寄って行うワークショップを勧めている。

　鳴門教育大学教職大学院の現職院生の山崎美樹教諭の置籍校である高知県四万十市立中村西中学校では27年度末の2月に実施した。手順は以下のとおりである。

　①各学年の総合的な学習の年間指導計画をA3に拡大し、模造紙の中央に貼る。

　②各自当該学年の教科書を持ち寄り、総合と他教科等との関連を検討する。「内容面」は桃色、「スキル面」は水色の付箋を使う。その際、内容面では「自然界のつながり、自然環境」（理科3年、115頁〜）、スキル面では「話題や方向を捉えて話し合おう。グループディスカッション」（国語1年、174頁）といったように具体的に記述することが大切である。

　③総合的な学習の学習活動や学習内容との関連を矢印や線で結ぶ。総合的な学習の探究の四つのプロセスである「課題設定」「情報収集」「整理・分析」「まとめ・表現」に関連する学習内容や学習スキルおよび「全体に関わる基礎的な力」で分析・整理している

　このワークショップを通して、各教科等の知識や技能を意識的に活用する授業が展開でき、総合的な学習の質が高まり、大きな成果と達成感を生み出すと共に教科を

§3 課題・事例編

学ぶ意義理解にも繋がる。さらに、この関連づけのプロセスを経ることによって、互いの教科の学習内容を理解し、教科間の関連についての理解も深まってくる。カリキュラムマネジメントがめざす教科横断的な教育課程編成に一歩近づく研修である。

▼成果物例（1年）

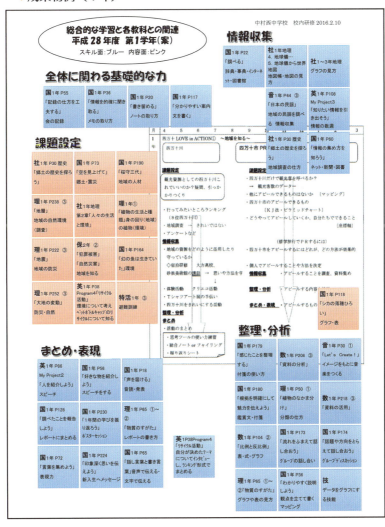

▼2月に実施した研修プラン

校内研修プラン

学校名　四万十市立中村西中学校

種別		研修タイトル	総合的な学習と教科等との関連WS

本研修の目的	教科の学習内容と総合的な学習の諸活動が、単元レベルでどのような関連をもつのかを教職員自身が明らかにし、それによって総合的な学習の時間のカリキュラムを、より教科等と有機的に関連したものにする。

研修のポイント	①本年度経験した学年の、次年度版カリキュラムを検討する。 ②内容面とスキル面それぞれにおける関連を考える。 ③関連の方向を矢印で表し、専門教科だけでなく、総合の実践者としてすべての教科との関連を把握する必要性を感じるようにする。

本研修の概要	実施時期	平成28年2月10日（水）15:10〜15:50
	対象者	総合的な学習の時間に関わる全教職員　　名
	研修形態	各学年部（3チーム）
	準備物	・付箋紙（75mm×75mm、青・桃・黄色各10枚×人数） ・サインペン（人数分） ・各学年の「総合的な学習の時間実施記録及び計画」を拡大コピーし、模造紙に貼り付けたもの（3枚） ・平成28年度の使用教科書（9教科＋道徳） ・教育計画（各教科の年間計画）
	時間	40分

研修全体の流れ（時間）	研修の進め方（○）及び留意点（・）
①研修についての説明（5分）	○研修の目的とゴールイメージを確認する。
②総合実施計画と教科書との関連の洗い出し（15分）	○「総合の内容・活動」と「教科書の内容」とを比較し、教科・単元名や教科書の頁数等、関連事項を記入した付箋を各学年の模造紙（計画）に貼り付ける。 ・桃色…内容面（学習する内容の関連） ・水色…スキル面（教科で身に付けた技術と総合で活用する技能との関連） ・自分の担当教科で、授業を行っているすべての学年にわたって付箋を書き、貼りに行く。
③関連事項の構造化 　気づきの交流（15分）	○自分の学年部に戻り、模造紙に貼り付けられた付箋を構造化し、関連が分かるように矢印等でつなぐ。 ○関連を整理して気づいたことや、関連を生かすための手だてを黄色の付箋に書いて交流する。
④まとめ（5分）	○分析したものを今後どのように整理し、活用していくのかについて確認する。

§3 課題・事例編

中村西中学校は、平成28年4～5月に実施した「総合的な学習の時間で育った学力調査」から、全校生徒の意識が「総合的な学習で学んだことは、普段の自分の生活や将来に役立つと思う」(85.5％) や「教科の学習と総合的な学習はつながっていると感じる」(73.6％) に関しては高いにもかかわらず、「教科で学習したことを活かして、総合的な学習で調査や分析をしている」(48.6％) と低いことに着目し、夏季休暇中に総合的な学習と教科等の関連を各単元の具体的な活動レベルで明確にするワークショップを行った。研修の展開と内容は上に示したとおりである。

> **研修の流れ**
> 13:30～ 研修の説明（20分）
> 　　　　全体説明／各学年の計画についての説明
> 13:50～ 各教科との関連洗い出し（25分）
> 14:15～ 休憩（10分）
> 14:25～ 道徳・特活との関連洗い出し（10分）
> 14:35～ 付箋の整理／関連の構造化（15分）
> 14:50～ まとめ・振返り（10分）

研修に先立ち、プレゼン（下図）で総合的な学習の活動内容と各教科等と関連のモデル（注）を提示した。新たな方法でワークショップを行う際には具体的なゴールイメージの提示はきわめて重要である。

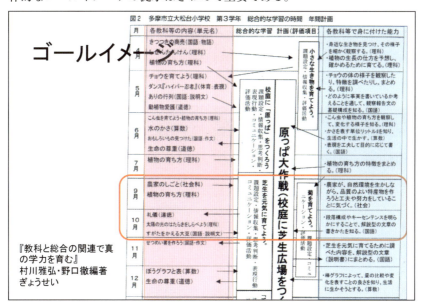

77

このモデルを提示したおかげで、3学年共に具体的な関連づけが行われた（写真は1学年の成果物）。たとえば、1学年の9～2月の単元2「もっと知りたい、地域のよさ」（30時間）を見てみる。

　「各教科等との内容の関連」に関しては、社会科歴史「楽浪の海中に倭人あり（弥生時代）」「日本列島のあけぼの（縄文時代）」や家庭科「環境に配慮した調理実習」、理科「地層」などとの関連が図られている。

　「各教科等で身に付けた知識・技能との関連」では10月だけでも、国語「調べたことを報告しよう」（レポートのまとめ方）、社会科歴史「地域の遺跡や古墳を訪ねて」（地域調査の仕方）、数学「比例と反比例」（関数）、英語「Program6」（ALTに学校の先生を紹介する／ウェビング）、音楽「仲間と共に合唱しよう」（表現／コミュニケーション／パート練習）、美術「文字や形で伝える」（レタリングの基礎）、保体「心の発達(2)社会性の発達」（コミュニケーション能力）と多くの関連が見出されている。

　山崎美樹教諭が発行している研修だよりには「WSの成果物を整理し、職員室の『探究コーナー』に各学年分を掲示しています。不足や気づいたこと

があれば、それを付箋に書いて貼っていただきたいと思います。この関連については、洗い出しだけでは意味がありません。来月実施予定の単元に、総合と関連するものがないか、この表を教科部会等で確認していただき、関連を意識した授業づくりを進めていきましょう！」と書かれている。2学期以降実践を進めていくことで新たな関連が見え、付加されていくことが期待される。

《注》
　野口徹「3年『原っぱ大作戦』」村川雅弘・野口徹編著『教科と総合の関連で真の学力を育む』ぎょうせい、2008年、102～108頁。

§3 課題・事例編

❖多様な研修課題への対応：校内研修編

特色ある教育活動の中間見直し

　「特色ある学校づくり」や「特色ある教育活動」という表現がよく使われる。「特色ある」とは「奇抜な」とか「独創的な」という意味ではなく、「地域や子ども、学校の実態や特性を踏まえた」という意味と考える。地域や子どもの実態を多方面からしっかりと把握すること、そのうえでどのような資質・能力を育んでいくのかを決定し共通理解を図ること、その目標の実現に向けて具体的な教育活動（具体的な手立てを含む）を計画し実施すること、実践を支える人的および物的な環境（校内外を含む）等を整備することなどである。まさしく、次期学習指導要領がめざしているカリキュラムマネジメントの充実に繋がる。地域や子どもの実態や特性を踏まえ、その学校の教職員および家庭・地域等の協力者の知識や技能、専門性等を反映して計画・実施されるものであれば、自ずと「特色」を帯びたものになる。重要なことは、実践を踏まえて自ら見直し改善することである。年度末に見直して、次年度に生かす場合が少なくないが、夏休みのように比較的時間のゆとりのあるときに、1学期の実践を踏まえて見直し、2学期に向けて軌道修正を図ることはとても有効である。

　三重県鈴鹿市立千代崎中学校の「特色ある教育活動の見直しワークショップ」の取り組みを紹介する。時期は6月である。初めて訪問した千代崎中学校を今後指導・支援していくうえで、筆者たちが理解を図るために「特色ある教育活動」に関してこの時点での見直しを行おうということになった。その年度に異動してきて取り組み始めた教師のみならず、複数年勤務している教師も改めて成果や課題に関しての共通理解を図ることになり、年度途中から軌道修正を行っていくうえで重要と考えた。

　チーム編成は、「A：数学の少人数ティームティーチング」「B：国語の少人数ティームティーチング」「C：ステップ学習（「千代ゼミ」や「夏ゼミ」などと呼ぶ木曜日の放課後と長期休業中に実施している学力向上のための個別学習）」「D：視点生徒の設定（教科を通して気になる生徒に視点をあてて授業を構成したり、検討したりする手法）」「E：学習ボランティアの活用」の五つとした。AとBは数学と国語の教師が担当し、CとD、Eに関しては「一番関連している」あるいは「一番貢献できる」課題を選択してもらった。

分析用シートとして「概念化シート」を用い、縦軸を「成果」と「課題」、横軸を「生徒」と「教師」とした。手順は以下のとおりである。

①まず、各自が教師と生徒の立場から成果と課題を付箋に一つずつ記述した（10分）。実践の様子や生徒の姿を思い浮かべながら記述した。

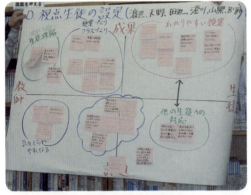

②その後、チームごとにワークショップを行った（約25分）。経験年数や教科を越えて熱心な協議が展開され、手際よく整理・構造化が進んだ。改善策やアイデアが数多く出てきた。

③最後に、各チームが発表を行った（4分×5チーム）。具体的な実践を踏まえての成果と課題の共通理解が図られた。

この日のワークショップの結果をまとめ、夏期休暇中に改善策を検討し、2学期以降の実践へと反映させていくこととなった。

このときは急な計画・実施だったためにできなかったが、このようなワークショップを実施する場合には、事前にチーム編成と課題を知らせておき、各教育活動に関連する資料を持ち寄りたい。子どもの姿や各種データ等を踏まえた、より実態に即した分析・検討が可能となる。

§3 課題・事例編

❖多様な研修課題への対応：校内研修編

行事等の直後改善プラン

東京都東村山市立大岱小学校はかつて生徒指導および学力面において大きな課題を抱えていたが、授業改善ならびに子どもとのかかわり重視により改革を成し得た[注]。授業改善と子どもと過ごす時間確保のための会議削減の方策の一つが「直後改善プラン」である。基本的には授業研究直後に授業の改善プランを作成することであるが、行事等でも行っている。写真上は公開研究会直後のワークショップである。ゆっくりしたいあるいは足早に打ち上げ会場に向かいたいところであるが、一人ひとりが成果や課題を書き、整理し、その成果物を担当者に渡す。入学式や運動会、修学旅行、卒業式などさまざまな行事の直後に行った。担当者は早急に改善プランを作成する。次年度の打ち合わせの時間が大いに短縮される。

筆者も真似てみた。毎年夏に2日間の「鳴門セミナー」を31年間主催してきた。大岱小に出会ってからセミナー直後に、ゼミ生を中心としたスタッフが振り返りワークショップを行っている（写真中）。成果は青色、課題は黄色、改善策は桃色である。写真下は3年分の成果物である。

《注》
　村川雅弘・田村知子・東村山市立大岱小学校編『学びを起こす授業改革』ぎょうせい、2011年。

❖ 多様な研修課題への対応：校内研修編

校内環境整備（家庭科室）

その年の秋に家庭科の中四国大会会場を引き受けていた徳島県のD小学校では、5月の放課後に、全教職員が家庭科室に集まり3チームに分かれて、家庭科室の大改造を敢行した（写真上）。

「掲示環境チーム」は、前年度の発表会場校で撮影してきた資料を参考に、家庭科室の掲示物（調理の手順や片づけの仕方、身支度のチェック表など）を改善した。

「表示グループ」は、調理台の引き出しの中の調理道具に調理台の番号シールを貼ったり（写真中）、食器や秤などの収納棚を整理したり、調味料を籠に入れて持ち運べるようにしたりした。

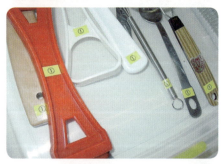

「教材開発グループ」は、包丁の渡し方や野菜の切り方・むき方をビデオや写真に撮って、映像教材を開発した（写真上の右下がその様子）。

一番の工夫は、キャスターつきの縦型ホワイトボードを調理台の数だけ揃え、そこに調理に関する指示や手順の資料を貼るようにしたことである。調理台が広く使え、資料が水に濡れないと好評であった。

後日、図書委員会の児童から「図書室も家庭科室のように工夫してもいいですか」という提案が出てきたという。環境は潜在的カリキュラムの一つであるが、子どもたちの学習環境に対する意識を大きく変えたようだ。

§3 課題・事例編

❖多様な研修課題への対応：校内研修編

学校危機管理

　時間のゆとりのある夏季休業中に行っておきたい。田村知子岐阜大学准教授が女性管理職と開発したワークショップである(注)。講話が中心となりがちな危機管理研修を、体験的に行うことで実践力と協働性を高めた。

　主な準備物は、危機事例や苦情事例（学校や各教師の前任校で実際にあったことを基に作成するのが望ましい＝次の事例を参考にするとよい）と分析シート（マトリクスを用いる。縦軸は「事前対応または日常的対応」「危機発生時対応」「二次的問題発生時対応」、横軸は「対児童（生徒）」「対同僚・管理職」「対保護者」「対外部（教育委員会やマスコミ、地域など）」）、その他、3色（黄色・水色・桃色）の付箋、黒の水性サインペン、多色のマジックなどである。

> 苦情事例：体育で陸上競技の練習中（走り高跳び）、生徒が脳しんとうを起こした。マットから落ちたようである（事故発生）。しかし、生徒はすぐに起きあがり、本人の訴えにより、体育に参加し、何事もなく1日が終わった（初期対応）。帰宅してすぐ、生徒は家で吐き気をもよおした。保護者より「今、救急車で病院に運んでいる」と怒りの声で電話があった（二次問題発生時対応）。

　主な展開と時間は、以下のとおりである。

　①**ワークショップの進め方の説明（10分）**：展開だけでなく、分析シートの構造や付箋の書き方など、具体的にプレゼンすることが望ましい。

　②**危機管理マニュアルの作成（30分）**：事例を読み込み、各自が事前対応、発生時対応、二次的問題時対応の際に誰に対してどのような対応を行うかを具体的に考え、黄色の付箋に記述したうえで、チームで具体的な対応や手順を整理する（写真）。

　③**ロールプレイ（30分）**：異な

る事例でマニュアルを作成したチームが組になり、保護者と教職員に分かれてロールプレイを行う。前述の事例の場合、ロールプレイは保護者から電話がかかってきて、授業者と学年主任が病院に駆けつけたところから始まる。片方の事例が終われば役割を交替する。保護者役には「想定される保護者の発言例」を複数レベルで準備しておく（次頁資料は田村知子による）。それ以外のメンバーは両者のやり取りを聞きながら、評価できる受け答えや対応、改善が必要な受け答えや対応を水色や桃色の付箋に記入する（写真）。

④マニュアルの改善（20分）：ロールプレイを踏まえ、元のチームでマニュアルを改善する（下図）。

⑤振り振り返りとまとめ（20分）：管理職等が危機管理についての講話を行う。ワークショップの後なので意欲が高まっており効果的である。ロールプレイで厳しい雰囲気になっている場合には緊張を和らげたい。

このワークショップを夏季休業中に行った学校では、2学期以降の対応に変化が見られた。

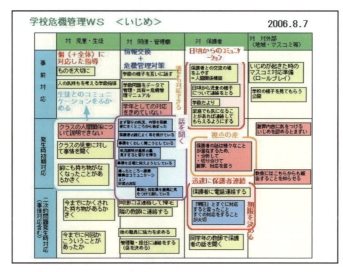

保護者や地域住民等から苦情が寄せられたときに、すぐにチームができ、その対応を具体的に考え指示し行動する集団となっていった。このワークショップの体験が危機に強い「チーム学校」をつくる。
《注》
　田村知子「危機管理のマニュアルづくり」村川雅弘編『「ワークショップ型校内研修」で学校が変わる 学校を変える』教育開発研究所、2010年、188〜191頁。

保護者役用資料「苦情事例」＜頭の怪我＞

＜事実の確認＞
■事故前（日常）の指導についての質問、確認
- □ 学校では、頭を打ったときにどう対処するか指導しておられないのですか？
- □ 学校では、頭を打っても子どもが大丈夫と言えばほうっておくのですか？
- □ これは事故ではなく、故意に怪我をさせられたのではないですか？
- □ クラスのルールが守られていないようですね。無法状態で、クラスの中も整理整頓がされていないと他のお母さんから聞いていますよ。そういう状態だから事故が起きるのではないですか？
- □ 子どもたちが言っていますよ。S先生は冷たいって。
- □ 事故の現場に担任のS先生はいたんでしょう？危ないとは思わなかったんですか？

■事故後対応についての質問、確認
- □ （養護教諭に見てもらった場合）保健の先生が見て、頭を打ったときは後から症状が出ることもあるとわからなかったんですか？
- □ （養護教諭に見てもらっていない場合）なぜ保健の先生に見ていただかなかったんですか？頭を打っているんですよ？後から症状が出ることもあるとは思わなかったんですか？
- □ 体育の授業以外では、全く異常なかったんですか？
- □ 事故が起きたとき、○○先生はいらっしゃったんですか？そのとき、どういう指示をされたんですか？
- □ もっと早く対処していれば、こんなこと（救急車で運ばれる）はなかったんではないですか？
- □ この件については、校長先生はどのようにおっしゃっているのですか？○○先生はどのような指示を聞いていらっしゃいますか？

＜対応を迫る＞
- □ うちの子に何かあったら、どう責任をとってくれるんですか？
- □ 校長先生が誠意をみせるべきですよね、○○先生。
- □ 校長先生は今、どこにいらっしゃるんですか？私が来ていることを校長先生には連絡されたのですか。すぐさま呼んでください。
- □ 早く校長先生を呼んでください。直接校長先生とお話したいんです。

＜不満・非難・攻撃＞
- □ うちの子に何かあったら、どうしてくれるんですか！
- □ 頭を打っているのに、連絡の一つもないのはどういうわけですか！！
- □ 頭を打っているのに、あなたはあまりに無知なんではないですか！
- □ 学校は無責任ですよ。こんな大変なときに、校長先生がいないなんて。
- □ あまりにいい加減な対応なので、正直言って学校に対する信頼感はなくなりました！
- □ S先生のことを、一生恨みますよ！

ロールプレイの終わり方（保護者役用）
今までの議論を踏まえて、次の4つのうち、いずれかの終わり方を選択してください。
①先生、ありがとうございます。今のままのご指導で十分です。これからもよろしくお願いします。
②わかりました。当面は、様子を見てみます。
③もういいです。あなたとは話したくありません。あなたは信用できません。
④今すぐ、教育委員会に訴えます。

§3

❖ 多様な研修課題への対応：校内研修編

ポスターセッションによる成果と課題の共有化

　平成28年3月下旬、宮城県仙台市立広瀬小学校を訪問した。同小は各学年3学級ずつだが、各々異なるテーマを追究する学級総合に取り組んでいる^(注)。この日の研修は1年間の取り組みの成果と課題を子どもの姿を通して語るというものである。生活科も学級ごとに重点化を図って取り組んでいる（写真上）。特別支援学級を含む19のプレゼンを堪能した。年度末のため異動先の学校に挨拶等で出かけている教師の学級に関しては同学年の教師が代わって説明した（写真下）。自分の学級のことのように具体的かつ熱く語れることに感銘した。教材研究、テーマ設定、単元の立ちあげ、展開上で遭遇する数々の課題の解決等々において自分ごとのように共に考え取り組んできた様子を窺い知ることができる。

　広瀬小のように学級単位で取り組んでいる生活科や総合的な学習だけでな

く、学年単位で取り組んでいる場合でも年度末や夏季休暇中の中間報告は重要である。たとえテーマが異なっても教材研究や単元開発、子どもへの指導・支援、家庭や地域との連携・協力のあり方など、学べることは多い。中間報告では2学期以降に向けての軌道修正が可能となる。語る側にも自らの取り組みを振り返り、成果や課題を明確化しておくことは次の実践への足がかりとなる。とくに若い教師にとって学びは大きい。

《注》
　共存の森ネットワーク編、村川雅弘・藤井千春監修『森の学校・海の学校――アクティブ・ラーニングへの第一歩』三晃書房、2016年。

§3 課題・事例編

❖多様な研修課題への対応：校内研修編

「個人テーマ」を支えるシステム

　福岡県朝倉市立比良松中学校では「個人テーマ」による校内研究に取り組んできた(注)。その意義を「専門性」（教科指導力の向上）、「主体性」（研修意欲の向上）、「発展性」（研究内容のレベルアップ）としている。テーマは教科に応じて多様なだけでなく、同じ教科においても異なっている（下図は27年度の個人テーマ一覧〈一部〉）。

グループ	教科等	「個人テーマ」	相談係
Aグループ	国 語 科	文章を解釈する力をはぐくむ国語科における学習活動の工夫	校長
	自立活動	意欲的に学習に取り組む態度を育てる学習指導 ～自立活動における視覚的な教材教具の工夫を通して～	教頭
	美 術 科	創造的な技能を身に付けるための教材の指導と工夫の積み上げ	教頭
	保健体育	パフォーマンスを高めるための教材・教具の工夫	教頭
Bグループ	英 語 科	自分の考えを表現する力を育てる英語科学習指導	主幹教諭A
	数 学 科	数学的な表現力を育成する授業づくりの工夫	主幹教諭A
	英 語 科	表現力を高める英語科学習指導　～4技能（聞くこと、話すこと、読むこと、書くこと）を統合した学習活動を通して～	校長
	数 学 科	基礎・基本を確実に定着させるための表現活動を取り入れた数学科学習指導	研究主任
	技 術 科	生徒の興味・関心を高める授業づくりの工夫	校長
Cグループ	国 語 科	文章を論理的に読む力をはぐくむ国語科学習指導 ～学習プリントの工夫や交流活動を通して～	研究主任
	社 会 科	資料活用力を高める社会科学習指導	校長
	理 科	思考力を高める理科学習指導における学習活動の工夫	主幹教諭B
	家 庭 科	実践的な態度や育てるための家庭科学習指導	教頭
	理 科	科学的な見方や考え方を高める理科学習指導	主幹教諭B

　研究テーマは異なるものの、授業づくりにおいていくつかの共通点がある。①授業の冒頭に「ウォーミングアップ」（朝倉市全体の取り組み）を行い、その授業の前提となる知識・技能を確認する、②専門用語や科学的な概念を意識して活用させる、③構造的な板書とワークシート・ノートとを関連させる、④一人ひとりの思考や表現を促すために工夫する、⑤解答や思考のプロセスを明示させたり説明させたりする、などである。

　教科を越えた授業づくりの共通点を設定したことにより、「個人テーマ」に基づき主体的に授業改善を進めながらも相互に学び合うことができる。

　以下のシステムも有効に働いている。

　テーマ設定とそれに基づく授業改善に関しては、①各種学力調査やアンケート等による実態調査と自己の指導技術等の課題によるテーマ設定、②研究授業や生徒の姿を核とした個人テーマ研究の検証、③指導案等に関する相談係による継続的な支援、④グループ（三つ）ごとの授業参観・授業整理会お

よびその広報による共有化、⑤最終報告会での成果と課題の発表、といった共通の手順がある。

　その他、①「個人テーマ」の妥当性についての研究部による審議、②相談係（校長や教頭、研究主任等5名）による年間通しての相談、③授業研究（1、2学期）と夏期休暇中のグループ検討、④最終報告会での全員によるプレゼンテーション、といった個人テーマ研究を支える体制がある。

　また、「個人テーマ研究計画書」（A4判1枚）があり、①教科のめざす生徒像（基礎・基本が身についた生徒の姿）、②生徒の実態や授業づくりの課題（各種学力調査やアンケートおよび自己の授業の見直し）、③個人テーマ（重点とする基礎・基本、テーマ名、具体的な手立て、検証の方法）が共通項目として設定されている。そして、指導計画のなかで、個人テーマに基づき具体的にどのような手立てを取るのかを明記している。

　学級ごとにテーマを設定し総合学習を展開している神奈川県横浜市立大岡小学校や日枝小学校も同様である。年度始めに、学級の子どもたちと取り組むテーマを探る。それと並行して各学級の総合のテーマに関しての検討が協働的になされる。テーマが決定し、実践していく過程においても、各学級の取り組みに関して研修場面だけでなく職員室や放課後など相談や助言が日常的に行われる。他の学年の総合をまるで自分の学級の実践のように熱く語る教員に出会うことが多々ある。異なる他者を受け入れ理解しつながることが求められる社会である。校内研修においても、互いに支え合うシステムと風土があれば、各教師の「実践力」「研究力」を高めると共に「学校力」の向上に繋がる。

《注》

福岡県朝倉市立比良松中学校「生徒の実態に基づく『個人テーマ』設定による能動的校内研修」村川雅弘編著『実践！アクティブ・ラーニング研修』ぎょうせい、2016年、58〜64頁。

§3 課題・事例編

❖多様な研修課題への対応：校内研修編

学校統合のよさを引き出すシリーズ研修

　少子化の影響で学校統合が増えてきている。異なる学校文化を持つ教師集団では、「前の学校では」という言葉が出て、摩擦や軋轢が起こりやすい。多様な経験や情報、知識を持ったメンバーほど効果が発揮されるのがワークショップである。

　愛媛県今治市立大三島中学校は平成27年4月に二つの中学校が統合した。その4月に鳴門教育大学教職大学院に入学した村上富士子教諭は統合したことのよさを生かすための研修を実施したいと考え、「学校統合後の課題解決に向けた取り組み」の研修プランを計画し、筆者が担当している授業「ワークショップ型研修の技法」で試行した（写真）。学校の実態を具体的に伝えることで、自校の課題に即した具体的なアイデアが得られると考え、学校に関するアセスメントデータ（下記資料はその一部）を準備し説明している。

①統合によるメリット
○多様な意見とふれあえる。コミュニケーションや話し合い活動の幅が広がる。
○異文化とふれあって今までの自分たちの姿を見つめ直す。視野が広がる。よりよいものの刺激を受ける。
○今までいいと思っていたことでも考え直すことがあった。
○部員数の増加で、部活動のチーム力が強化される。
○行事や合唱の迫力が増し、質がよくなる。人数的なボリュームの効果がある。
②統合によるデメリット
△きめ細かな対応ができなくなる。個に応じた指導がむずかしくなる。
△生徒の発表の機会が減る。発表する意欲や学習意欲も低下する。
△ふるさとを愛する心が育ちにくいのではないか。
△バスの便に合わせて、いろいろな活動が時間的に制限される。
△町を越えての保護者同士のコミュニケーションがとれない。

　この日の試行により、マトリクスシートで具体的な課題と場面を明示すると、個々の教職員の経験を生かした具体的な取り組み案が多く引き出されることが明らかになった。その成果を生かして、置

籍校で実施する研修に関してもマトリクス法を活用することとした。より活発なワークショップにするために、各教師が日頃の教育活動で感じている思いを語り合う場面もつくりたいと考え、問題点をもとに改善策も考えるという流れにし、付箋に記入する内容に関して改善を行っている（下のプラン参照）。

校内研修プラン

種別	中学校	研修タイトル	本校の課題と重点的に取り組むべき改善策について考える研修

本研修の目的	本校の課題と改善策について全教職員で話し合い、共通理解を図ることで、次年度の取組に生かす。
工夫した点	学校評価の結果とともに、事前に調査した学校統合に関する意識調査の結果をまとめておき、マトリクス法でそれぞれの関連に基づいた考察を促す。

本研修の概要	実施日	2月22日(月)
	対象者	全教職員
	研修形態	学年部グループ → 全体
	準備物	・模造紙　　　　　　・付せん紙（黄色・赤色） ・マグネット　　　　・ホワイトボード　　　・サインペン（人数分） ・色マジックセット（3セット） ・研修資料（学校統合後のアンケート結果、学校評価） ・パソコン　　　　　・プロジェクター　　　・タイマー
	時間	60分

研修全体の流れ（時間）	研修の進め方（○）及び留意点（・）
①本日の研修について説明　（15分）	○研修のねらいと進め方について説明を行う。 ・統合後の問題と学校評価との関連を示し、重点的に取り組むべき問題について、改善策を考えることを説明する。
②学校評価の低かった項目について、生徒の問題と改善策を付せん紙に記入する　（7分）	○「自己表現力・伝え合う活動」「よりよい学習習慣」「よりよい生活習慣」について、問題と改善策を付せん紙に記入する。 ・問題を黄色、改善策を赤色の付せん紙に書く。
③付せん紙を模造紙に貼る　（10分）	○ひとりずつ順番に模造紙に貼る。 ・記入内容をメンバーに伝えながら、付せん紙を出し合う。
④付せん紙を整理して、重点的に取り組むべき改善策について話し合う　（10分）	○付せん紙をグループごとに整理し、改善策を絞る。 ・各要素がどのように関連しているかを考える。 ・全員が意見を言えるようにする。
⑤グループごとに発表する　（5分×3）	○各グループで話し合ったことを発表する。 ・各項目の重点的に取り組むべき改善策について、話し合った内容を発表する。
⑦管理職からの講評を聞く　（3分）	○ワークショップを振り返り、今後の見通しをもつ。

研修後の感想として、「他の人との意見交換、全体での共有の大切さとそこから生まれる一体感、心地よさを感じることのできた研修でした。これを生徒たちに味わわせてやれる学校・教室づくりをめざして、教職員が一つになって、新しいスタートを切れたらと思います」（管理職）、「課題が浮き彫りになったと思います。年度初めから意識統一できるようにしたいと思います。ありがとうございました」（教諭）、「『忙しいのに…』と正直思っていたが、ワークショップに入ったらそんなことは全然なくなっていた。そして、積極的に意見を言ったりまとめたりする作業をしていたりと変わっていた」（教諭）など、ワークショップを採り入れたことのよさが如実に表れている。

　次頁の図は学年別３チームの成果物を村上教諭がパワーポイントで集約・整理したものであるが、「自己表現力　思いや考えを伝え合う」「よりよい学習習慣」「よりよい生活習慣」に関して具体的なアイデアや手立てが数多く出されている点からもワークショップが有効であったことが伺える。

　ワークショップ型研修のよさが多くの教師に伝わったことにより、４月の年度始めの「『伝え合う力を高める』ための具体的な取り組み案について考える」研修（写真下）、８月の夏期休暇中の「中間評価から今後の改善策について考える」研修においてもワークショップを採り入れている。

　４月の感想では「トップダウンや前年踏襲では、職員一人ひとりのモチベーションは低くなる。"自分（たち）で考え準備し計画した"という意識があれば、活動に心がこもる。そのために全員参加型のWSは有効であると思う」（管理職）、「各々の意見や考えを出し合うことで、課題解決に向けての具体策がより明確になったと

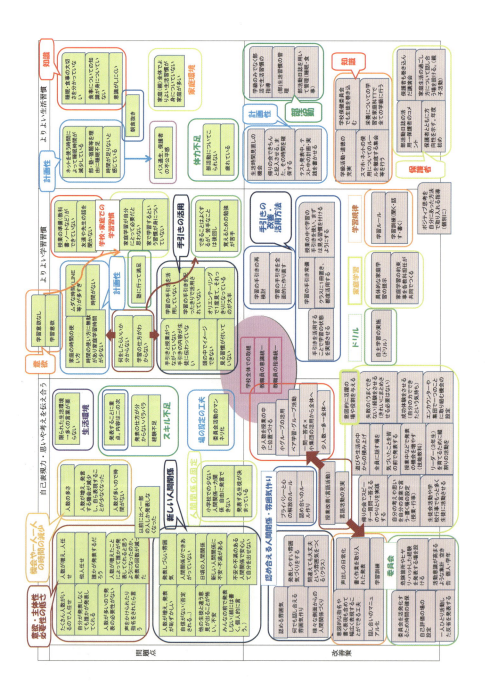

思います」(教諭)とやはりワークショップのよさが指摘される一方で、「いろんな角度から業務を見直すことができたと思う」(教諭)と新たな研修への提案がなされている。

　8月の感想では「とても有意義な研修ができたと思います。(中略)研修としては今回の形でよいと思います。今後、今日の研修をどう生かしていくかが大切だと感じました」(教諭)、「教職員一人ひとりの参画意識を高めることが、学校の教育力を向上させるポイント。そのために、このようなワークショップは、ぜひ必要です(後略)」(教諭)とワークショップに対する好感度はきわめて高い位置にある。

　この一連の研修にワークショップを採り入れたことに対して管理職は「全教職員が、キャリアの長短に関係なく、課題に対して自分なりの考えを述べ合い、解決策を決定してきた。多忙ななか、研修に割く1時間を見出すのはけっして容易ではない。しかし、その1時間が、その後の何十倍もの教育効果を発揮する。なぜなら、そこで共有された解決策が、管理職から押しつけられたものではなく、教職員みんなで知恵を出し合った、"自分たちの解決策"だからである。教職員の日々の取り組みへのモチベーションを劇的に向上させた『ワークショップ型校内研修』は、教職員自身がアクティブ・ラーニングの有効性を証明したと言えるのではないだろうか」と述べている。

　ワークショップ型研修を企画・実施してきた村上教諭は多様かつ多大な効果をあげつつも「グループごとに意見を交流するだけではなく、研修の最後には、話し合いの結果を全体で集約したり、具体的な実践について全体で決定したりするような場面を設定しなければ、せっかくの共通理解が共通実践につながらなくなってしまう。最後に全体でまとめる時間設定は絶対に必要だと思った」と多くのワークショップを手がけたうえでの留意点を指摘している。

　以下、4月の研修プランと成果物、8月の研修プランを紹介する。

▼4月の研修プラン

種別	中学校	研修タイトル	「伝え合う力を高める」ための具体的な取組案について考える研修

本研修の目的	本校の重点目標と対策について全教職員で話し合い、共通理解を図ることで、今後の取組の方向性を決める。

工夫した点	重点目標を決めるまでの過程を最初に説明してPDCAサイクルを押さえ、ワークショップを通して共通理解を図る。

本研修の概要	実施日	4月20日(水)
	対象者	全教職員
	研修形態	学年部グループ → 全体
	準備物	・模造紙　　　　　・付せん紙（青色・黄色・赤色） ・マグネット　　　・ホワイトボード　　・サインペン（人数分） ・色マジックセット（3セット） ・研修資料（PDCAサイクルを図示したもの） ・パソコン　　　・プロジェクター　　・タイマー
	時　間	50分

研修全体の流れ（時間）	研修の進め方（○）及び留意点（・）
①本日の研修について説明　　　（15分）	○研修のねらいと進め方について説明を行う。 ・本校の重点目標を示し、具体的な取組案をなるべくたくさん出し合うことを説明する。
②伝え合う力を高める取組について、付せん紙に記入する　　　（5分）	○「学習」「生活・部活」「特別活動・行事」について、具体的な取組案を付せん紙に記入する。 ・学習を赤色、生活・部活を黄色、特別活動・行事を青色の付せん紙に書く。
③付せん紙をマトリクスシートに貼る　（10分）	○ひとりずつ順番にマトリクスシートに貼る。 ・記入内容をメンバーに伝えながら、付せん紙を出し合う。
④付せん紙を整理しながら話し合う　　　（10分）	○付せん紙を項目ごとに整理する。 ・取組の方向性をどのようにすればいいか考える。 ・全員が意見を言えるようにする。
⑤グループごとに発表する　（2分×3）	○各グループで話し合ったことを発表する。 ・各項目の重点的に取り組むべき内容について、話し合ったことを発表する。
⑦管理職からの講評を聞く　　（3分）	○ワークショップを振り返り、今後の見通しをもつ。

§3 課題・事例編

▶4月の研修の3学年分の成果物をまとめたもの

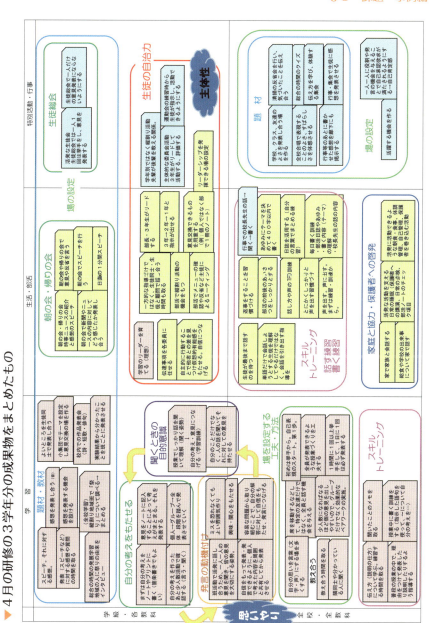

▼8月の研修プラン

種別	中学校	研修タイトル	中間評価から今後の改善策について考える研修

工夫した点	前期の学校評価をもとに改善策についてワークショップで話し合ったあと、共通実践する内容を全員で練り上げ、意識統一する時間を設定する。

本研修の概要	実施日	8月19日(金)
	対象者	全教職員
	研修形態	学年部グループ　→　全体
	準備物	・模造紙　　　　　　・付せん紙（赤色・黄色） ・マグネット　　　　・ホワイトボード（3枚×3） ・色マジックセット（3セット）　　・サインペン（人数分） ・研修資料（学校評価の結果、具体的対策案の一覧表） ・パソコン　　・プロジェクター　　・タイマー
	時間	60分

研修の流れ（時間）	研修の進め方（○）及び留意点（・）
①本日の研修について説明　　　（10分）	○研修のねらいと進め方について説明を行う。 ・学校評価の結果を示し、1学期の取組を振り返りながら、今後の改善について話し合うことを説明する。
②学校評価の結果をふまえ、伝え合う力を高める取組に関する改善策を、付せん紙に記入する。　　　（7分）	○「行事」「授業」「生活」について、具体的な改善策を付せん紙に記入する。 ・行事を赤色、授業を黄色、生活を青色の付せん紙に書く。
③付せん紙を模造紙に貼る　　　（7分）	○ひとりずつ順番に模造紙に貼る。 ・記入内容をメンバーに伝えながら、付せん紙を出し合う。
④付せん紙を整理しながら話し合う　　　　　　　　　　　　（13分）	○付せん紙を整理して、重点的に取り組む改善策を、項目ごとにグループで絞る。 ・項目ごとに班で一押しの改善策を話し合って決める。 ・ホワイトボードに各項目の一押しの改善策を書く。
⑤グループごとに発表する（3分×3）	○各グループで決めた一押しの改善策を発表する。 ・各項目で重点的に取り組むべき内容とその理由について、話し合ったことを発表する。
⑥全体で今後の取組について話し合う　　　　　　　　　　　（10分）	○全体で意見を交流して今後の方策について決定し、共通理解する。 ・制限時間内に決定できるよう、活発な意見交換を促す
⑦管理職からの講評を聞く　（3分）	○ワークショップを振り返り、今後の見通しをもつ。

§3 課題・事例編

❖多様な研修課題への対応：行政研修編

集合研修と校内研修を関連づける

　教育センターにおける集合研修での学びを校内研修に還元してこそ意味がある。集合研修でのワークショップは「校内研修の擬似的体験」と考えている。ワークショップを行った後には必ず、「今日のは練習です。この体験を校内研修に生かしてください」と締め括ることが多い。

　教育センター主催の集合研修をある学校の校内研修と関連させることにより、参加者が体験したことを各校で実施する確率とその質は高まるだけでなく、研修の場を提供した学校にとっても自己の研究の取り組みについて、授業研究を通して客観的・多面的に意見や助言を得ることができる。

　大阪府堺市教育センターは平成26年度よりワークショップ型研修を市内に広げるための研修を行ってきた。平成28年は6月に教育センターにて「研修主任研修（第1回）」を実施し、担当の渡邉耕太指導主事が「研修主任の役割」、高知県四万十市立中村西中学校の山崎美樹教諭が「研修主任として企画運営した校内研修」、筆者が「授業実践力を向上させる校内研修活性化のアイデア」について各々が講話を行った。

　9月は、大阪府堺市立新湊小学校（迫田鉄郎校長）を会場に2回目の研修主任研修を実施した。当校の宮岸洋研修主任と尾迫正範教諭が5年算数の授業「分数の大きさとたし算、ひき算」を体育館で行った。市内の小・中・高・特別支援学校の研修主任50名と新湊小の教師約30名が参加した。体育館の舞台側に児童の机や椅子、ホワイトボードを設定し、教室風の環境をつくり出した。教師は児童を取り囲む形で参観した（写真）。その後、小・中・高・特別支援の教師の混合チームに新湊小の教師約2名ずつが加わり14チーム編成でワークショップが行われた。

　この日の研修の展開と時間、内容は次のとおりである。運用・進行・説明は渡邉指導主事が行った。

　①授業参観（45分）：参観者は

指導案やノート等にメモを取る。

　②研修の進め方について（15分）：指導主事が趣旨や方法を説明する。

　③授業者説明（5分）：授業者が本時のねらいや工夫点、協議してほしい事項を説明する。

　④付箋記入（15分）：授業参観を通して思ったこと、メモしたことを付箋に記入する。「単語ではなく、具体的、端的に書く」「よかった点は水色、問題点・課題は黄色、助言・改善策は桃色」「黒のサインペンを必ず使う」などの確認を行う。分析シートは「指導案拡大シート」「マトリクスシート」「概念化シート」の3手法を用いた。体育館の舞台に向かって右から「指導案拡大シート」（4チーム）、「概念化シート」（5チーム）、「マトリクスシート」（5チーム）である（写真上）。

　⑤付箋整理（30分）：「付箋を貼るときは、記述内容を紹介しながら置いていく」「同じような内容の記述があれば、付箋をその付近に貼る」「同じよ

うな内容の記述をまとめ、小見出しをつける」「整理、構造化を確定し、多色のマジックを使い、ビジュアルなものに仕あげる。空きスペースには改善のポイントなどを箇条書きしてもよい」などの確認を行う（写真下）。

　⑥発表練習（5分）：発表者2名がチームのメンバーと発表内容を確認し、練習を行う。「発表はできるだけ若い教師に。自分の言葉で説明することで学びが大きい」ことを伝える。

　⑦発表（15分）：発表者2名が約5分2回の発表を行う。他のメンバーは他の二つの手法の発表を聞きに行く。2回ローテーションを行った。「見に行った教師は自分の班に戻ってから聞き取ったこ

とを伝達する」ことを確認する。さてここで、もう少し時間が取れるならば、6人チームの場合ならば2人ずつのペアによる発表を3回実施することで、全員が発表でき、かつ全員が異なる二つの手法の発表を聞きに行くことができる。

⑧学びの交流（5分）：元のチームに戻り、他のチームの発表を聞いた感想を述べ合う（写真）。

⑨授業者反省（5分）：授業者が各チームの成果物や発表を踏まえての、授業の改善点や抱負を述べる。

⑩総括（15分）：筆者が「授業研究のシステム化」について講話を行う。

⑪振り返り（5分）：今回の研修会で学んだことについて、チームおよび個人の振り返りを行う。研修後はアンケートだけの場合が大半であるが、アクティブ・ラーニングにおいて子どもたちに振り返りを重視しているように、5分でも個人やチームで振り返ることを勧める。学びを言語化することで自分のものとなり、自分の学校に戻った際に研修の内容や成果を伝えるうえでの練習にもなる。

参加者も会場の片づけを手伝うという慌ただしいなかでのアンケートであったが、多くの自由記述があった。「研究授業の後、実際にワークショップをするのがすごく勉強になった」「実際に授業を参観してのワークショップが有意義だった」など研究授業と連動させたこと、「さまざまなワークショップの手法を学べてよかった。自分自身で体験することで深く学べることも実感できた」「ワークショップの手法の一長一短を体感的に学べた」など3手法を同時に行ったこと、「他校種の先生の視点や考え方など勉強になった」と学校種を混合させたことに関して肯定的な評価が多かった。また、「学校に戻ってさっそく行いたい」という意欲的な感想も多く見られた。

会場を提供した迫田校長は「教育センターにおける集合研修の学びは、研修に参加した担当者が校内で伝え、他の教師は受動的であった。今回は、一人ひとりの教師が緊張感のなかで積極的に参加し主体的に学ぶことができた。質の

高いワークショップに参加したことで今後の校内研修の反省会がさらに充実すると考える」と自校の教職員への効果をあげている。また、授業者であり研修主任の宮岸教諭は「従来の校内研修としての研究授業では本校の教職員同士で授業について話し合うが、今回は本校の教職員に加え他校の研修主任にも参加してもらい、客観的な視点で意見をいただけた。研修を推進する立場である各校の研修主任の先生から、本校の授業の進め方や研修の内容についてアドバイスをいただける機会は貴重であり、授業や研修について新たな視点を持てたことはたいへん意義深く、今後の参考にしていきたい」と他校の研修主任から自らの授業だけでなく学校研究の成果や課題に関しての客観的な意見をもらえたことを高く評価している。まさに、Win-Winのタイアップ研修だったと言える。

この研修を企画・運営した渡邉指導主事が目標としていた「ワークショップを集合研修等で体験し、研修で学んだことを自校の校内研修や授業で行ってほしい」「新たな知識や技能を習得するための受動的な研修ではなく、『ものづくり』を受講者が共に行うことで学び合い、指導力を高めてほしい」はおおむね達成されたと考えられる。また、「校種を越えて各教師が熱心に意見を交流されていて、ワークショップ型のよさを改めて感じた。また、それぞれの手法のよさや欠点が明確になった」と自らの気づきや学びを振り返っている。

体育館での授業と研修の準備と片付けはたいへんだったと考える。しかし、板書や子どもの成果物を確認しながら協議を行う姿も見られ（写真）、深い学びに繋がったと考えられる。

同様の事例を二つ紹介する。

浜松市の教育センターは小学校と併設幼稚園を拠点校とし、幼・小・中の研修推進リーダー研修を行った。幼稚園または小学校の授業を参観し、その後、小学校の体育館でワークショップを実施した。

山形県教育センターは天童高校を拠点校とし、事前検討会と事後検討会を2日連続で実施した。

§3 課題・事例編

❖多様な研修課題への対応：行政研修編

行政研修と校内研修を繋ぎ・生かし合うシリーズ研修

　教育センター等での研修の学びがその場限りとならないようにするには、行政研修と校内研修を連動させる必要がある。できれば同じ研修講座を複数回実施し、センターで研修したことを学校で具現化し、その成果を次の行政研修で報告させたり、校内研修の充実・活性化に繋げたりしていきたい。

　筆者は足かけ12年あまりで1,000回ほどのワークショップを計画・実施してきた。そのなかでも、教育センターの行政研修では、平成24年度から26年度にかけ3年連続で行った高知県教育センターの「校内研修を活性化させるためのリーダー育成研修」は秀逸である。高知市を除く県内の小学校と中学校の研修主任に対する研修を3年間かけて悉皆で実施した（24年度約100名、25年度約100名、26年度約140名。3年間で計約340名）。3年間の内容・展開は基本的には以下のとおりである。センターの行政研修と校内研修を連動させるだけでなく、校内での取り組みも繋げている。

(1) センター研修Ⅰ（6月初旬）

　校内研修の活性化に関する指導主事による講義・演習や講演（西留安雄元東京都東村山市立大岱小学校長と筆者）、校内研修の事例報告により校内研修づくりの基礎的スキルの育成を図る。講演を聴

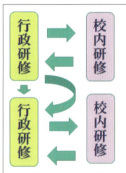

く際に「講演・実践交流等からの学びや自己のアイデア・メモシート」（144頁の「アイデア・メモシート」）を活用した。研修で学んだことを自分の言葉で簡単に整理することで学校現場での活用率を高めたいと考えた。26年度は研修主任以外に同じ学校の教頭135名も参加した。研究主任が校内研修を計画・実施するのを管理職の立場から理解したうえで支援するためである。実際にワークショップ型研修の実行率は上がったとの報告を聞いている。

(2) 校内での取り組み（6・7月）

各校において夏休み以降に実施する予定の研修計画を作成する。作成にあたっては高知県教育センターが作成した様式「校内研修プラン」で研修プランを簡略化して記述したものを共通に用いる（前頁下図）。共通のフォーマットを使用するねらいは2回目の行政研修での「研修プラン見直し・改善ワークショップ」および3回目の行政研修での「ポスターセッション」において互いの理解を助けるためである。いわゆる授業に関しての共通理解を図るために指導案の形式を揃えるのと同じ発想である。

(3) センター研修Ⅱ（7月下旬）

筆者による小・中・高の校内研修の具体事例に関する講義を受け、工夫・改善のための考え方や事例をさらに理解したうえで、夏休み以降に実施予定の各学校で作成してきた校内研修プランの改善ワークショップを行う。「工夫されている点」（水色）、「疑問や問題点」（黄色）、「助言や改善策」（桃色）について付箋に書いて渡す。研究授業の事前に実施する指導案検討のワークショップの研修案版と理解していただくとわかりやすい。平成24年度は8月中旬に行ったが、改善した研修プランを夏季休業中に行うことを想定して25年度より7月下旬に実施している。また、24年度は各チームのなかから1事例を取りあげてその研修計画の見直し・改善を行った（写真）が、25年度以降はメンバー全員の計画に対して相互に助言や改善策を出し合う方法に変更している。また、24年度は研修センターで作成した「校内研修活性化のための自校診断チェックリスト」（140頁）で診断しながら研修プランの見直し・改善を行った。

(4) 校内研修の実施（7月下旬から12月）

第2回の行政研修を踏まえて修正・改善した研修プランを各校で実施する。

(5) センター研修Ⅲ（12月下旬）

実施した校内研修の成果を持ち寄り、全受講生がポスターセッションにより共有化を図る（写真上）。事前に教育センターに送付された研修成果を模造紙サイズに拡大している（写真下）。この研修成果のフォーマットも基本的には統一していることで、互いの発表の理解がしやすい。なお、提出されたすべての研修プラン（A4）は印刷し発表前に全受講生に配っている。ポスターセッションのルールは以下のとおりである。

①質疑応答を含めて各20分で発表する。
②各自でポスターを貼り替える。
③拡大したポスターは持ち帰る。
④興味のある発表を聞く。
⑤午後のワークショップの担当のテーマに関する情報収集を積極的に行う。

午後は午前中のポスターセッションを踏まえて、24年度と25年度は校内研修の活性化に向けたアイデアを整理した。

たとえば、25年度は「校内研修の年間計画の作り方」「年間を振り返る校内研修の持ち方」「研究授業事後検討会の進め方」「校内研修だよりや研究紀要の作り方」「授業力を伸ばすための研修の持ち方」「学習指導案の作成・検討の仕方」の6テーマを設定した。次頁写真上は25年度の「研究授業事後検討会の進め方」の成果物の一つである。

また、26年度は言語活動の充実に絞り、教育センターから事前

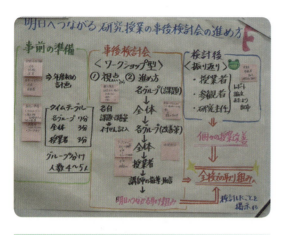

（約3週間前）に10のテーマ（写真中）を提示し、1週間前にはチーム編成を行い、センターのホームページにより公開している。受講生は事前に午後のワークショップのテーマを理解したうえで参加している。そのために、午前のポスターセッションにおいては、配付された各発表資料（共通のフォーマットで整理したもの）をたよりに自己のテーマに合った発表を積極的に聴くことができた。そして、それらを生かしてアイデアを集約できた。各チームの成果物に関しては発表により共有化を図った（写真下）。

次頁の三つの写真は26年度の「学習を支える言語技能を高めるために」の成果物の一部である。協働的に作成された23の成果物はセンターのホームページより公開され、学校現場に還元されている。「『平成26年度校内研修を活性化させるためのリーダー育成研修Ⅲ』（高知県教育センター）の演習において、受講者である県内小・中学校の約140名の研究主任が、言語活動の充実を観点に、授業力を

§3　課題・事例編

向上させるための具体的な取り組みについて、各学校における実践を踏まえて検討したものです。校内研修活性化のためにご活用ください」と紹介されている。

独立行政法人教員研修センターの「カリキュラム・マネジメント指導者養成研修」の5日間の研修では、4日目に3日間の研修成果をチームに分かれ、手分けしてパワーポイントに整理し、データとして共有化している。各都道府県の教育センターや学校現場のカリキュラム・マネジメント関連研修で活用し、手土産として学びを故郷に還元している。鳴門教育大学教職大学院における筆者の授業「ワークショップ研修の技法」も自ら体験したさまざまなワークショップの様子や成果物をデジタルデータ化し共有し、各置籍校での校内研修で活用している。

行政研修等において受講生によって協働的に作成された成果物を県や学校の財産として公開・発信・還元する取り組みは大いに参考にしていただきたい。

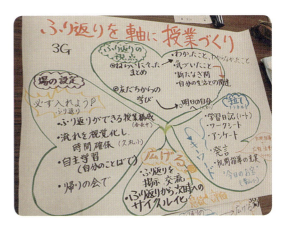

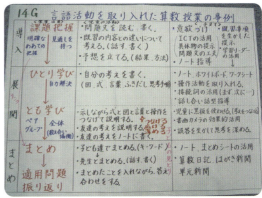

§3 ❖多様な研修課題への対応：行政研修編
施設やフィールドでの体験型研修を仕組む

　2016年9月現在、国内にジオパーク（大地に親しみ、大地の成り立ちを知り、人間と地球のこれからの関係を考える「大地の公園」）は43ヵ所もある。そのうち、ユネスコ世界ジオパーク（33ヵ国、120地域）に認定されているのは洞爺湖有珠山、山陰海岸、室戸、隠岐など8地域である。

　平成26年7月に鳥取県教育センター主催の研修で、山陰ジオパーク中にある「岩美町立渚交流館」と「山陰海岸学習館」（現在は「山陰海岸ジオパーク海と大地の自然館」に改名）」を会場として、「地域を生かす『総合的な学習の時間』～山陰海岸ジオパークの教材化を通して～」を行った。

　まず、改めてジオパークを知るために、フィールドワーク「山陰海岸ジオパークの魅力発見」を行った（2時間）。専任の専門員の軽妙な語りと感動的な3D映像、展示品でジオパークを堪能した（写真上）。その後、筆者が地域素材を生かした総合的な学習の意義や指導計画作成のポイント等に関する講演を行った（70分）。

　その後、施設内でのフィールドワークと講演の学びを生かすために、二つのワークショップを行った。

　一つ目のワークショップは、「山陰海岸ジオパーク」を中心のキーワードとして模造紙の真ん中に記入し、ウェビングを行った（写真下の右下が成果物）。アイデアを考えるポイントとして、「探究」「協同」「体験」「言語活動」「教科等関連」「地域貢献」の六つを講演のなかで提示した。午前中のフィールドワークや関連するパンフレット、各教科等の指導内容などを踏まえ

て、アイデアを次々に繋げ広げていった（約30分）。主催者が関連する資料を準備したり、参加者が持ち寄ることは質を高めるうえで大切である。

二つ目のワークショップはウェビングの成果を生かした、特定の学年を想定した単元構想である（約40分）。縦軸は「課題設定」「情報収集」「整理・分析」「まとめ・表現」、横軸は「学習活動」「教科等関連」「地域関連・貢献」のマトリクスを用いた（写真上）。

たとえばこの成果物（6年生を想定）には、課題設定段階で「化石おじさんとの交流」、情報収集段階で「ジオパークに行って地層調査」、整理・分析段階で「ジオパークマップの作成」「他校との交流」、まとめ・表現段階で「遊覧船での観光客へのキッズガイド」「アジアジオパークにPR大使として参加」などさまざまなアイデアが出された。

最後にアイデア共有化のために全チームが発表を行った（写真中）。「地域にあるリソースをどう活かしていけばいいのかヒントをたくさんいただいた」「ウェビングから単元構想づくりを実際に経験したので校内でもやっていきたい」といった感想が多かった。

この研修では時間の関係で実現できなかったが、たとえば宿泊型の研修ならば実際にジオパークを見て肌で感じるフィールドワークが組める。そのことによりもっと豊かな発想が生まれてくる。大人にとっても豊かな共有体験は教材開発や単元づくりにおいてきわめて重要である。

❖ 多様な研修課題への対応：行政研修編

事例分析を通して学ぶカリキュラムマネジメント

　次期学習指導要領は「カリキュラム・マネジメント」がキーワードの一つである（以後、原則、カリキュラムマネジメントまたはカリマネと称す）。次代を生き抜くうえで必要な資質・能力の育成、社会に開かれた教育課程の実現、アクティブ・ラーニングによる授業の質的改善に向け、各校におけるカリマネの充実がきわめて重要である[1][2]。

　独立行政法人教員研修センターは平成18年度より「カリキュラム・マネジメント指導者養成研修」を実施している。その受講生が各地の教育センターや学校現場で成果を還元している（石川県や福井県、広島県、鳥取県、愛媛県、高知県、千葉県柏市など）。詳細は拙著[3]をご参照いただくとして、本稿ではカリマネ研修で採り入れているワークショップについて紹介する。各地でカリマネ研修を企画・実施する際の参考にしていただきたい。

　筆者がかかわっているカリマネに関する研修や授業の原型は独立行政法人教員研修センター主催の5日間の研修である。受講生の大半がカリマネを全く知らずに参加してくるにもかかわらず、終了時点での研修満足度はきわめて高い。たとえば、平成26年度の研修では、受講生157名中、4肢選択で「大変有意義だった」と回答した人数138名、「概ね有意義だった」と回答した人数19名、両方を合わせると有意義率は100％（平均3.88）である。

　ワークショップは3日目に実施される。1日目の田村知子岐阜大学准教授による「カリマネの基本や役割、枠組み等」に関する講義、2日目の言語活動と道徳教育、学校安全、キャリア教育、総合的な学習の時間の五つの課題に関する文部科学省教科調査官等によるカリマネに関する講義と事例発表および協議、3日目の午前中の筆者による「カリマネを促進させるための校内研修や集合研修の工夫・改善の考え方と具体事例」についての講義を受けて、3日目の午後は先の五つの課題に分かれて、各受講生が持ち寄った事例を紹介し合い、そのなかから1事例を選択して、カリマネの考え方で成果や課題、改善策について協議する。模造紙の真ん中にカリキュラム（たとえば、総合的な学習の時間では、全体計画や年間指導計画）を貼り、その周りに付箋を置いていく（次頁写真）。チームの多くはカリキュラムとマネジメントに分けて分析・整理している。その後、課題部会別に成果の発表を行

い、部会代表1チームを選抜し、全体会場で部会別協議の概要および選抜チームの発表を行う。

　カリマネに関してほとんど既有知識のない受講生に対して、初日の「意義理解」「理論理解」（習得）から「取り組み紹介」（習得事項の一部活用および問題意識の醸成）、2日目の「事例に基づく理論理解」（習得と活用）、3日目の「事例分析によるさらなる理解」（活用）、4・5日目の「習得したことの他者への発信」（活用：学校現場や教育センターで活用するためのプレゼンを協働的に作成し共有する）といった流れになっている。事例発表や事例分析を通して習得したカリマネの意義や理論、枠組みの理解が徐々に進み、それを第三者に伝えるために資料をまとめることを通して確実なものとなるように5日間の設計がされている。

　鳴門教育大学教職大学院で開講している「カリキュラムマネジメントの理論と実践」でも、カリマネ誕生の背景や理論、枠組みについての講義およびカリマネで学校改革を果たした小・中・高の事例検討を踏まえたうえで、各自が置籍校等の教育課程の全体計画やある特定の教科等の全体計画、年間指導計画をカリマネ・モデル[4]で分析したうえで持ち寄りカリマネ改善ワークショップを行う。学卒院生は大学院2年間における学習計画を持参する。

　たとえば、平成27年度（受講生：現職39名・学卒13名）は、12チームに分かれて行われた。学校種やカリキュラムのレベル（全体計画や年間指導計画など）、教科・領域を考慮してチーム編成を行った。学卒院生チームが三つ、小学校現職院生チームが三つ、中・高現職院生チームが六つとなった。中高チームは、「教育課程全体」「学力向上」「学校・学級経営」「キャリア教育」「生徒指導」「総合学習」に分かれた。

　ワークショップの進め方は次頁のとおりである。3色の付箋の使い分けはこれまでと同様である。分析結果を

聞いて、「工夫されている点・よい点」は水色の付箋、「疑問や問題点」は黄色の付箋、「助言・改善策」は桃色の付箋にコメントを書き、手渡す。コメントを生かして、置籍校や自己のカリマネの改善を行い、レポートにまとめる。現職院生は、1年後期に、置籍校のアセスメントを行うが、このときのカリマネ分析結果を活用している現職院生は少なくない。

①チーム編成の確認とワークショップの進め方の説明（10分）
②カリマネ分析結果の紹介および質問・助言（65分）
「工夫されている点・よい点」（水色）、「疑問や問題点」（黄色）、「助言・改善策」（桃色）を付箋に書き、発表者に手渡す。5人の場合12分で交替する。
③チーム内の一押しアドバイス・改善策の紹介（10分）［各チーム1分］
④教員（筆者）による講評（5分）

　カリマネ誕生の背景や意義を論じることはできても、カリマネの要素や関連をすぐに理解してもらうことはむずかしい。カリマネの要素や相互の関連を理解するうえで、田村のモデルは有効である。具体的な事例や受講生の学校のカリキュラムをそのモデルで整理・分析することで、徐々に要素や関連を理解していく。どの研修や授業においても、カリマネ・モデルを活用することに関して評価は高い。なお、分析シートは田村のオフィシャルサイト（http://www1.gifu-u.ac.jp/~totamura/study1.html）からダウンロードできる。

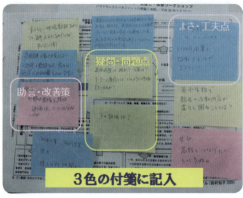

　大学院生の感想に次のようなものがある。「カリマネ分析シートを作成する前は、イメージができずむずかしく思え、なかなか進まなかった。締め切りが近づいてきて、イメージのないままだったが取りかかり始めると、だんだんと

各項目のつながりや全体の構造が見えてくるのを感じた。また、このシートを作成する活動がこれまで考えてもいなかった課題やその要因などについて考えるきっかけとなった。(中略) カリマネ分析の課題をすることで、自分の研究したいことをじっくりと考える一歩になったことは間違いない」。分析を通して、徐々にカリマネに対する理解が深まっていったことが窺える。

　自校の教育活動をカリマネの考え方で自己分析をさせた後、各自解説させ、相互にコメントし合う時間をできるだけ設定したいものである。分析結果を他者に説明することでよりカリマネの理解が進み、他の事例を聴くことでさらに見方が拡がる。また、コメントすることを通して互いの理解が深まる。

　写真（上下）は金沢大学附属高校で行ったカリマネ研修の様子である。学年の年間指導計画についてカリマネ・モデルシートと年間指導計画拡大シートによる分析を行った。この研修による見直し・改善を契機に、各教師にカリキュラムを俯瞰的・関係的にとらえるカリマネ意識が育ち、総合的な学習の時間が充実していったと報告を受けている。

《注》
(1) 田村知子・村川雅弘・吉冨芳正・西岡加名恵編著『カリキュラムマネジメント・ハンドブック』ぎょうせい、2016年。
(2) 村川雅弘「小学校におけるカリキュラム・マネジメント」『初等教育資料』平成28年8月号、4〜9頁。
(3) 村川雅弘「カリキュラムマネジメントの理解を深める研修の開発」前掲書(1)、176〜187頁。
(4) 田村知子「カリキュラムマネジメントの全体構造を利用した実態分析」前掲書(1)、36〜55頁。

§3

❖多様な研修課題への対応：行政研修編

中学校区や高等学校区の合同研修

　近年、中学校区単位で合同研修に取り組む地域が増えてきている。資質・能力の育成と社会に開かれた教育課程の実現をめざすカリキュラムマネジメントの充実に向けて、小中連携およびその前提となる小小連携は今後さらに重要になってくる。

　鳥取県が平成27年度に行った「小中連携で取り組む授業改革ステップアップ事業」の連絡協議会には、県内約3分の1にあたる20の中学校区（小・中63校）が一堂に会した。筆者の講演「中学校区における学力向上のための授業づくりとカリキュラムマネジメント、校内研修の工夫・改善」の後に、中学校区ごとにワークショップを行った。次の九つの視点から一つを選び、小・中合同の研修計画を作成した。①9年間で育む資質・能力の共有化、②「学びのインフラ」（生活・学習規律、言語活動の充実、ノート指導など）の共通化・継続化、③自尊感情を高めるための評価、④授業の相互乗り入れ（外国語活動や算数など）、⑤地域に根ざした総合的な学習、⑥学校行事の合同開催（運動会や避難訓練など）、⑦学校間・校種間交流（交流学習や学校PR、部活）、⑧教員研修の相互参加・合同開催、⑨家庭・地域との連携・協力。研修の際には、全国学力・学習状況調査や学校評価などのデータ活用も意識させた。

　三重県のある高等学校区では、小・中・高合同のワークショップを行った。各校種の教師の混成チームで「学力向上」「生活習慣」「人権教育」「キャリア教育」「全体構想」の5テーマに分かれ、テーマごとに具体的な目標を三つ掲げた。

　そして目標達成に向けて小・中・高で何ができるか、「教科」（黄色）「総合」（桃色）「特活・道徳」（水色）「その他」（緑色）のカリキュラム面と「学校間」（黄色）「家庭」（桃色）「地域」（水色）「その他」（緑色）のマネジメント（とくに連携）面から具体的

な手立てを出し合い、共有化を図った。整理には三つの「目標」と「小・中・高」の3×3のマトリクスシートを用いた。前頁の写真は「学力向上×タテ連携」チームの成果物である。

　鳴門教育大学教職大学院は、1年次前期は学校教育にかかわる内容（学校経営や学級経営、カリキュラムマネジメント、教科等の指導方法、生徒指導、教育相談など）を幅広く習得する。1年次後期に入ってすぐに、小学校と高校の院生は中学校に、中学校の院生は小学校に、各々が異なる学校種の協力校に2週間の実習に出かけ、各小・中学校の経営や授業、生徒指導等の具体を体験・観察し、その結果を持ち寄り、町単位・中学校区単位でよさや課題を分析・整理し、各町に対して具体的な方策を提案する。この体験が校種間連携や学校間連携の考え方・あり方を深くかつ具体的に考える契機となる。写真は1週目を終えての中間ワークショップの様子である。実習を通しての気づきや学び、疑問を出し合い、2週目の実習に向けての個人の課題と共通の課題を明確にする。平成28年度の院生は終了後に、成果や課題、提案をまとめた（写真）。たとえば、中・高教師からは「小学生の段階でできていることが多い。今までの生徒の認識が浅く、指導は手をかけすぎていたことに気がついた」という意見が出てきた。

　このような研修こそ各地で実践してほしい。町単位や中学校区単位で1週間でもよい、小・中間あるいは小・小間で相互に交換実習を同時に複数校で行い、その後、生徒理解や授業方法、校務状況などに関する気づきや学びを持ち寄り、小・中間や小・小間あるいは地域全体の課題は何か、町あるいは中学校区としてどのような取り組みを行うべきなのかを共に見出していくのである。その際、生徒理解や校務理解だけでなく、授業も一部担当したい。中学校教師の専門教科に合わせて同一科目間での乗り入れ授業を行うのが有効である。9年間を通した教科の指導のあり方を問い直すこととなる。このような交換実習が年内に複数回行われれば、その効果はさらに大きくなるだろう。地域教育行政の挑戦に期待したい。

§3

❖ 多様な研修課題への対応：行政研修編

複数の職階に対するワークショップ型研修

　教育センター等の集合研修で学んだ知識や技能を学校に還元してこそ研修の意義がある。しかし、当該研修には学校からは一人で参加していることが多く、学んだことを学校に戻って伝達し実行するには一つも二つも壁がある。学校訪問や集合研修には複数で行くことを常々奨励している。聴いたこと体験したことを帰り道すがら「わが校で何をどう実現しようか」と具現化に向けてのアイデアや手だてについて思い巡らすことができる。

　いくつかの県や市の研修で異なる職階や立場の管理職や教員の研修を合同で行ったことがある。たとえば、高知県の平成26年度の研修主任研修（140名）では同じ学校の教頭135名にも参加してもらった。そのときに学んだワークショップ型研修の実行率が上がったと聞いている。広島県福山市では研究主任と生徒指導主任とをセットで研修した。各校に戻ってタッグを組んで研修の企画・運営を行ってくれただろう。

　高知市では教頭研修と初任者研修を一部合体させて実施した。午前中に、教頭は筆者の講演を聴いた後、授業のビデオを視聴し、ワークショップ型授業研究を体験する（写真上）。午後は、初任者の模擬授業を参観し（写真下）、合同のワークショップで指導・助言を行う。「教頭から豊富な経験や知識に裏付けられたアドバイスがもらえる」と初任者からは好評であり、「若い教師への指導・支援のやり方がわかる」と教頭も評価している。この研修を通して教頭は自校の若い教師にも積極的にかかわり、授業の助言を行う術を学んだことだろう。

§3 課題・事例編

❖多様な研修課題への対応：初任者研修編

生徒の「よさ」と「課題」を多面的にとらえる

　徳島県で中学校の初任者研修拠点校指導教員を担当している鎌田明美教諭は、初任者自身による学級の実態把握が学級経営や授業づくりの前提になると考え、以下のようなワークショップ型研修を行っている。

　①生徒の「よさ」と「課題」を観察や分析を振り返って、付箋に記す。「よさ」は水色、「課題」は黄色とする。

　②マトリクスの縦軸を「よさ」と「課題」、横軸を「学習」「人間関係」「生活」とする。各項目の枠内に付箋を貼る。

　③「よさ」と「課題」を整理し構造化を図る。関連と相互の影響を考え、双方向に影響がある場合は⇔、片方向に影響がある場合は→、類似性がある場合は⇠⇢（点線矢印）など矢印で示す。

　④「よさ」と「課題」について、「学習」「人間関係」「生活」を越え、どのような関連や影響があるかについてレポートをまとめる。

　このワークショップに対する初任者のコメントを一部紹介する。「ワークショップを通して、目の前の自分自身のこれからの動きやビジョンを明確にすることが、生徒一人ひとりの成長につながり、自分自身が成長し続けるためにも必要だと学んだ。頭の中だけで、目の前の課題や生徒の生の姿を分析し、課題解決に向ける改善策を講じるには、限界がある。『何となく、日々を消費する』のではなく、『日々新たな気付きを見付ける』ために、学習・生活・人間関係の構図を描いていきたい」「ワークショップは、学校が困難な状況に陥りそうなとき、自分自身のクラスをよりよい環境に変えたいとき、自分の進むべき道を確認したいとき、の分析として、これからも取り入れていくことを考えている」と、ワークショップを通して生徒のよさや課題の関連を多面的にとらえられると、手応えを感じている。

❖多様な研修課題への対応：初任者研修編

具体的な事例から単元づくりのポイントを整理する

　教科書が存在しない総合的な学習の時間では、子どもや地域の実態や特性、当該学年の各教科等の学習内容との関連を踏まえての年間指導計画づくりや単元づくりが求められる。

　筆者は、平成19年度より石川県教育センターで総合的な学習の時間に関する初任者研修を担当している。講話で取りあげる事例は質的に高いものである。初任者に「凄い！」「私には無理！」という印象を持たれては逆効果である。「すばらしい実践には必ず手立てがある。それを見つけ出し、自らの言葉で意味づけ整理することで、活用できる知識となる。具体的な事例を基に自らが帰納的につくりあげた授業づくりのポイントは具体的な実践を自ら計画・実施していくうえで有効である」と考え、次のような展開・内容の研修を行っている。

　①講話を聞きながらのメモ（90分）：A3判のワークシート（表）に各自メモをする（写真）。書式は、探究的な学習過程として「課題の設定」「情報の収集」「整理・分析」「まとめ・表現」「振り返り」の5プロセスと授業づくりの授業を支える手だてとして「教材開発」「評価」「教科等との関連」「家庭・地域との関連」「その他」からなる。

　②付箋への記述（15分）：メモから単元づくりのポイントと考えられることを付箋に記す（写真）。1枚1項目、文章記述、水性の黒のサインペン使用等は伝えた。

　③付箋の整理・構造化（35分）：

§3 課題・事例編

同じ校種の1チーム6人編成で付箋を整理する（写真上）。手順は通常のKJ法であるが、ワークシートの視点により小見出しや枠組みがある程度限定されている。しかし、チームごとの独自性は高い。写真中は小学校チーム、次ページの写真上は中学校チームの成果物である。

④ **発表による共有化（20分）**：始めの5年間ほどは小・中・高から代表（筆者や指導主事が選んだチーム）が全体発表していたが、途中から変更した。受講生全員が発表できるようにローテーション方式を採用している。各チームでペアを三つつくり、ペアでチームに残って発表する（写真下）。4人は他の発表を聴きに行く。3回のローテーションを行うことで全員の発表が可能となった。

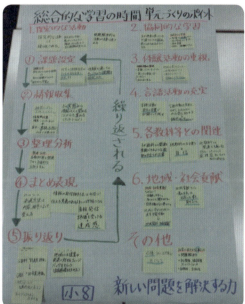

受講生は次のような感想を述べている。「ワークシートは考えながら聞くためにたいへん効果があると思いましたし、実際、聞こうという強い気持ちで先生のお話を聞くことができました」「ワークショップを通して、頭の中が整理されました」「子どもの学習を助けるにはさまざまな準備、方法を教師が知っておかなければならない」「ワークショップでは、総合

的な学習を進めるにあたっての重要点を分析でき、これからの資料として役立てていきたい」とワークシートやワークショップの有効性を語っている。

若手は経験を積み重ねることによって学級経営や授業づくりの基盤を築いていく。しかし、若手大量採用時代では、ゆっくりとした成長は待てない。自らモデルを構築するような研修により力量向上が加速すると考える。また、教職において今後新たに出会う各事例を読み解くうえでも自前のモデルを活用できる。

筆者は、学部授業でもモデルづくりのワークショップを行っている。たとえば、福山市立大学教育学部2年生の集中講義「生活科指導法」では、田村学文部科学省視学官が推奨している「体験」と「表現」の相互作用のモデル（注）を基に6名編成チームで、集中講義前半の学びを活かして単元づくりに挑戦させている（写真下）。取り入れたい体験は桃色、体験を基にした表

§3　課題・事例編

現は水色、各々に対して教師がとるべき手だては黄色の付箋に書く。

　発表は１年の学校探検から順番に行うことで２年間の展開を理解できるようにした。また、生活科に造詣が深い現場教師（愛知県知多市立旭北小学校の八釼明美教務主任）をゲスト講師として迎え、すべてのチームおよび学生の発表に対して適切なコメントを行ってもらうと共に、チームを回って相談に応じてもらった（写真上）。写真下は生活科２年最後の成長単元の成果物である。緑色の付箋は発表の際の他のチームからのコメントである。ゲスト講師と他チームのコメントを活かして再設計を行う。小学校実習未経験（54名中５名のみ保育実習経験あり）の２年生であるにもかかわらず具体的で適切な体験、表現、手だてが書かれ、関連付けられている。

《注》
　田村学『授業を磨く』東洋館出版社、2015年。

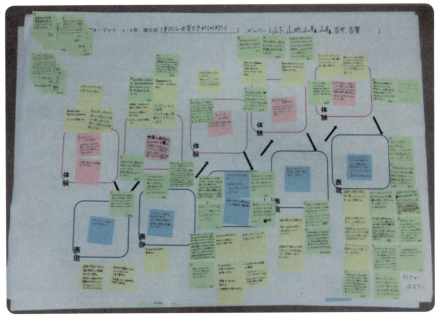

§4

❖子どもたちによるワークショップ

全員で創る学級目標

　学級開きの際によく取り組まれているのが全員で考える学級目標やスローガンである。学校種や学年によって異なるが、授業参観の楽しみの一つである。「輪」や「和」「Wa！」「仲よし」「友情」「仲間」「挑戦！」「challenge!」などさまざまなものがある。言葉を囲んで教師を含む全員の似顔絵が描かれたものを見ると思わず微笑んでしまう。目標を決める際に、ワークショップを採り入れている学校は少なくない。山形県のある中学校の事例を基に展開を考えてみたい。

　①まず、「友情」「学習」「仕事」「生活」の四つの視点について、個人で目標を付箋に記入する。

　②班内で各視点の共通点を基に整理し、短冊や大きめの付箋に記入する。

　③各班からあがってきた目標を視点ごとに比べる（写真上）。「友情」では「仲良く」、「学習」では「集中」、「仕事」では「責任や積極的」、「生活」では「時間やあいさつ、きまり」がキーワードとしてあがっている。

　④③の結果を踏まえて、学級目標が決定される。たとえば、「友情面」では「男女誰とでも仲よくし、助け合う」、「仕事面」では「積極的に仕事に取り組み、責任を持って最後まで！」と整理された。

　①の手続きを経ずに、②の班での協議により目標を決めていくのもよいだろう。大切なことは皆で決めた目標を意識して日々の生活を送ることである。達成状況を月ごとに見直し、改善を図るようにしたい。実際、授業ごとの評価に関する係を決めて学級で話し合う取り組みがある。目標ごとに評価している。

§4 子ども編

❖子どもたちによるワークショップ
生徒が創る学級カリキュラムマネジメント

　広島県尾道市立因北中学校の「自分たちで創るクラス　自分たちで創る未来～ひとり一人が輝く学級をめざして～」の取り組みは、まさに生徒自身による学級のカリキュラムマネジメント（以下、カリマネ）である。

　生徒一人ひとりが「どんな学級にしていきたいのか」という目標を付箋に書き、班ごとで整理し学級目標を決定していく方法は一般的に行われている。同校の手順はそこまで共通である（写真上）。これは学級のカリマネの目標設定に該当する。たとえば2年A組では「助け合いで絆が深まる笑顔が溢れるクラス」に落ち着いたようである。

　その学級目標を実現していく場が日々の授業であり、さまざまな学校行事である。学級のカリマネのカリキュラムに該当する。

　このクラスの「未来予想図」には、6月に実施される体育大会に向けて「伝統を受け継ぎ、全力で精一杯チームメイトへの応援、思いやりを大切に、団結して成長した姿を見せる」と具体的な目標が掲げられている。その後、修学旅行や職場体験、立志式などの学校行事でも同様に目標や具体的な取り組み方が決められていく。

　「未来予想図」の下の部分には学級目標達成のための「当たり前12ヶ条」として、「黙想を完璧にする」「提出物を出し切る」「ゴミを拾う」「仲間への声かけをする」など具体的な行動目標が示されている。最後の行は「どんな未来を創るのか…ひとり一人の想い次第!!!」と締め括られている。

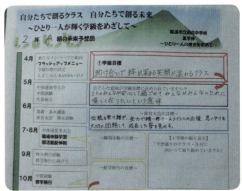

§4

❖子どもたちによるワークショップ

参加・発言しやすい英語授業をめざして

　鳴門教育大学教職大学院の松原梢教諭は、置籍校の徳島県つるぎ町立半田中学校において「伝え合い認め合う仲間づくりを基盤とした英語授業」に取り組んでいる。生徒同士が伝え合い認め合えるためには受容的な仲間づくりが重要と考え、新年度の初日の授業より「教室は間違えるところだ」を徹底してきた。

　2学期の1回目の授業では、事前に実施したアンケート結果（下図）より明らかになった課題を解決するためのワークショップを行った。内容および展開は以下のとおりである。

　①英語授業の課題提示（3分）：アンケート結果から見えた英語授業の課題を提示し、2学期もペア学習を行うことを確認し、集団としての成長を目標にしていることを伝えた。

　②ワークショップの説明（5分）

　③付箋への記入（10分）：課題解決のための手立てを3色の付箋（「自分が心がけること」〈水色〉「周りと協力すること」〈黄色〉「その他」〈桃色〉）に記入させた。

　④付箋の整理（15分）：チームで付箋を分析・整理させた（写真）。

　⑤発表（5分）：各チームでアイデアを発表し、共有化を図った（次頁写真）。

　各チームの成果物を基に松原教諭が整理したものが次頁の図である。

　授業を受ける前提となる規則正しい生活習慣や家庭学習の充実の

§4　子ども編

大切さを指摘している。授業に関しては、「真剣に取り組む」「人の話を聞き、ちゃんと考える」など自分をコントロールすること、「普段から人と気軽に話すように心がける」「答えではなく考え方を教える」など日常的かつ質の高い協力や助け合い、「積極的に発言しあえる雰囲気づくり」「変わった意見にも耳を傾けてみる」などの参加・発言しやすい雰囲気づくりを生徒自身が提案している。

　このワークショップを振り返って、生徒は「自分なりにまとめた」「みんなで協力してできた」「意見を相手にわかってもらうようにはっきりと言う」「発表する内容をまとめること」「前で発表するのは恥ずかしかったけど、最後まで言えた」と自己のがんばりを評価している。また、「これからもがんばりたい」「お互いわかり合えた」「今日みたいな授業は楽しかったし、学ぶことも多かった」「少し授業の雰囲気が変わると思う」とワークショップ自体に対して評価や今後への影響を期待している。

　このワークショップが絵に描いた餅に終わらないために、毎時間の授業の振り返りシートには「自己管理」（自分をコントロールに該当）、「助け合い」（協力・助け合いに該当）、「雰囲気づくり」（参加・発言しやすい雰囲気づくりに該当）の項目を設け、A・B・Cの3段階で自己評価させている。

§4

❖子どもたちによるワークショップ

リレー式発表のコツをまとめよう

　鳴門教育大学教職大学院の村上富士子教諭は、愛媛県今治市立大三島中学校で「リレー式発表のコツをまとめよう」のワークショップに取り組んだ。
　1年生2クラス合同で実施した。主な内容・展開は以下のとおりである。
　①ねらいと展開を確認する（5分）：「学習のピラミッド」を提示し、話し合い活動による学習の定着度の高さを紹介し、確認し合った。
　②「リレー式発表のコツ」を各自で考える（7分）：四つの視点「発表するとき」（発表するときは何に気をつける？）、「発表を聴くとき」（何を考えながら聴く？　何のために聴く？）、「うまく繋ぐとき」（繋がらないときは何がいけないのか？）、「リレー式発表のねらい」（何のためにするのか？　リレー式発表のあと、どうなっているのがいいのか？）を生徒に示し、それを踏まえてコツを各自で考える。

　③「リレー式発表のコツ」を話し合う（15分）：書いた付箋を出し合い、チームでまとめる（写真上）。その際に、「一人1枚ずつ、順番に付せん紙の内容を読みあげながら貼っていこう」「似ている意見は近くに寄せて貼る」などの整理の手順を具体的に提示している。チームで視点ごとに一押しのコツを決定する。
　④発表する（5分）：チームで一押しのコツを発表する。
　⑤全体で整理する（10分）：視点ごとにコツを整理する（写真下・次頁写真）。

§4　子ども編

⑥共通理解を図る（3分）：全員で決めたコツを復唱する。

　下図は各チームの成果物を村上教諭が集約・整理したものである。生徒自らが考えたコツを共有し、意識し、深い学びに繋がる主体的かつ対話的な授業を創りあげ、それが学校文化になっていくことを期待したい。

　次期学習指導要領改訂に向けて、アクティブ・ラーニングの推進が叫ばれるなか、子ども自身にそのためのコツやポイントを考えさせ、整理させている。どこの学校においても実施可能な示唆的な取り組みである。

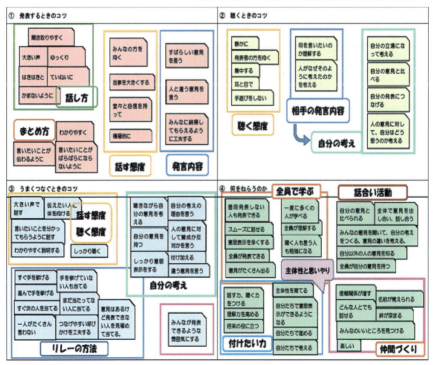

❖子どもたちによるワークショップ

子どもによる危機管理ワークショップ

　遠足や修学旅行、宿泊体験などの遠足・集団宿泊的行事では比較的教師がかかわり安全指導を徹底することができるが、近年では班別自由行動が盛んに採り入れられ、総合的な学習や生活科で子どもたちが中心になり行動することも多い。いずれにせよ行動の主体は子ども自身である。子ども自身に安全に関するワークショップをさせてみればと実施した。

　徳島県のある小学校4年生が「ふせん会議でルールブックを作ろう」というワークショップを、校区にある海岸や川、町をフィールドにして環境に関する調査活動を行う直前に行った。

　子どもたちは各自、桃色の付箋に「安全に気をつけること」、黄色の付箋に「人に迷惑をかけないために気をつけること」、水色の付箋に「持って行く

もの」を書き、互いの記述内容を読み比べながら整理・構造化を図った。「海岸や川」「乗り物」「町や店」など具体的な場面・場所ごとに班編成した。「関係あるものや似たものを集める」「グループに見出しをつける」「合い言葉を決める」という手順を示したおかげでワークショップは初めてにもかかわらずスムーズかつ活発に展開した。最後に、共有化のための発表を行った。

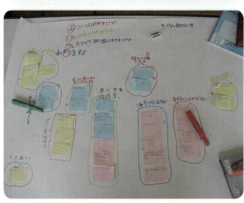

　教師に指示されて行動するのではなく、自分たちで考えて行動できる。決めたことを守ろうとする意識が高くなるだけでなく、たとえマニュアルにない事態に遭遇しても協力して考えて対処できる子どもが育つだろう。

§4 子ども編

❖子どもたちによるワークショップ
理想の最高学年をめざして

　三重県鈴鹿市立千代崎中学校では、2年生が3年に上がる直前の3月に「3年生になったら最高学年としてどう行動するか。そのために2年生を振り返る」というワークショップを行った。5名前後がチームになり、「学習活動」や「部活」「生徒会」「掃除」「委員会活動」に関して、「よかった点」（水色の付箋）と「悪かった点」（桃色の付箋）を各自でまず書き、チームで整理していった。そして、学級ごとに共通理解を図った。

　3年に上がり、よい状態で新年度を迎えたと聞いている。2年生全員で学年の「文化」を創ったととらえることができる。「3年生になって、学習や部活、委員会、掃除などの各場面や活動において最高学年として模範となるようにがんばっていこう」という文化である。このような文化が醸成されていれば、「どうしたんだ？　3年生になって急にまじめになって…」と冷やかし、最高学年になって責任のある行動をとろう、学業や部活動に真剣に取り組もうとする生徒の足を引っ張るような雰囲気は生まれない。

　中学校だけでなく、小学校や高等学校でも実施可能なワークショップである。とくに、最高学年の児童・生徒は学業や部活動だけでなく、学校の行事や委員会活動においても模範となり学校を引っ張っていく存在である。多くの学校で取り組むことをお勧めする。また、学年単位でなく、部活動単位で「最高の先輩をめざして」のワークショップが可能である。

❖子どもたちによるワークショップ

「職場体験」中間振り返り

　ほとんどの中学校が職場体験を実施している。実施期間に関しては1日から6日以上まで開きがある。3日以内の期間ではむずかしいが、4日以上であればお勧めしたいのが「中間の振り返りワークショップ」である。

　三重県鈴鹿市立千代崎中学校では5日間の職場体験期間の3日目に事業所との関係で可能な生徒のみ学校に戻す。流れや内容は以下のとおりである。

　①個人で2日間の振り返りを行い、「振り返りシート」に書く。

　②ある事業所の方の話を聴く。

　③「職場体験のしおり」や「振り返りシート」、②の事業所の方の話を踏まえて、職場体験を通して気づいたこと、考えたこと、学んだことを付箋に書く。その際に用いた分析・整理用のシートは「概念化シート」を援用したものである（写真上）。縦軸を「プラス面（よかったこと、ためになったこと）」と「マイナス面（うまくいかなかったこと、課題・失敗）」とし、横軸を「『自分』と『周りの人』」とした。また、桃色の付箋には「体験先の事業所の人に教えてもらったことや当日の事業所の方から学んだこと」、黄色の付箋には「自分で体験して学んだこと」を書かせ、チームで整理させた。異なる職種で体験した生徒同士でチーム編成を行った。

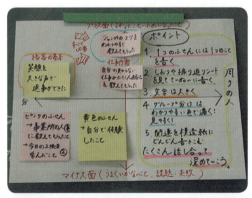

　④各チームの成果物を学級内で発表し、職場体験での学びを共有化した。

　⑤「振り返り」やワークショップを踏まえて、残り2日間の抱負や目標を個人でまとめた。

§4　子ども編

❖子どもたちによるワークショップ

「概念化シート」で振り返るバスケットボール部

　筆者の知る範囲で部活動にワークショップ的な手法を最初に採り入れたのは徳島県A中学校の男子バスケットボール部である。バスケットボールの指導に関しては全くの素人であった顧問の河野昭一教諭は鳴門教育大学大学院での研究の際に開発した「概念化シート」を活用することを考えた。参観した日の手順は以下のとおりである。

　①数日前の試合のビデオを見て、個々に気づいたことを付箋に書く。この頃は黒の水性サインペンで書くことを徹底していなかったために、選手は鉛筆で書いている。

　②「概念化シート」は、縦軸は「プラス面」と「マイナス面」、横軸は「個人」と「チーム」とした。たとえば、「マイナス面」の「個人」のゾーンからは「動きが悪かったのは基本ができていないからだ。個人の技術を高める必要がある。動きが悪かったためにキャッチミスも多かった」といった学びが伺える。「マイナス面」の「個人」から「チーム」のゾーンに矢印が引かれ、「動きが悪かったためにオフェンスも悪かった」という因果関係が示され、「基本的なことを確実にする。キャッチミスを絶対しない」という目標が書かれている。「プラス面」を見ると、「仲間からナイスパスがきたのでナイスキャッチができた。声かけができていたからだ」という気づきが書かれている。これからの内容は顧問が説明すれば5分とかからないだろう。しかし、選手一人ひとりが体験を通して気づいたことを自分の言葉にし、相互に関連づけ、そこからみんなで見出した学びとは質が違ってくる。

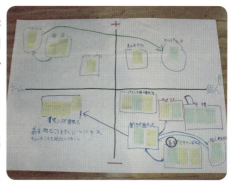

❖ 子どもたちによるワークショップ
めざせ！「考え、議論する」野球部

　鳴門教育大学教職大学院2年次の「学校課題フィールドワークⅠ・Ⅱ」は、1年次に院生の置籍校において管理職や同僚と明確化した課題の改善策の実現を図っていく実習である。重見将史教諭は愛媛県松山市立湯山中学校で道徳のアクティブ・ラーニングに取り組んでいる。

　平成28年5月のある雨の日、重見教諭と教職大学院修了生で野球部顧問の濱田伸哉教諭と野球部のアクティブ・ラーニングに挑戦した。

　週明け月曜日の放課後、集団宿泊活動の繰替休業で不在の1年生を除く野球部員は図書館に集合した。「野球部ワークショップ型ミーティング」の展開は以下のとおりである。

時　間	活動時間	内　　容
ねらい：県総体出場⇒優勝に向けてチームにプラスになることを本から見つけ、目標・行動目標を考える		
16:20	5分	1　図書館から本を1冊選ぶ
16:25	60分	2　1時間でその本を読み、チームに役立つこと、必要なことをノートに書き出す。 　　ノートに本のタイトル、書きだした言葉のページをメモする。 　　※ななめ読みで構わない。時間内に必要な情報を集める。
		3　ワークショップ
17:25	5分	(1) 書き出した言葉を付箋紙に書く。
17:30	15分	(2) 付箋紙を貼って、グルーピング⇒概念化する。（3班） 　　1班　○○・○○・○○ 　　2班　○○・○○・○○ 　　3班　○○・○○・○○・○○
17:45	15分	(3) 各班発表
18:00	15分	(4) 全体で話し合い（目標10項目決定）
18:15	5分	4　ワークショップ型ミーティングを終えての感想

①**本の選定（5分）**：選手一人ひとりが図書館にある野球に関する本を1冊選ぶ（写真）。

②**情報収集（60分）**：1時間でその本を読み、チームに役立つこと、必要なことをノートに書き出す。ノートには本のタイトルと書き出した言葉のページを記入する（次頁写真上）。斜め

§4 子ども編

読みでも構わないので時間内に必要な情報を集めることとした。速読し必要な情報を抽出するビジネス書の読み方を体験させようと考えた。

③情報整理（5分）：各自がノートに書き出した言葉を付箋に記入する（写真中上）。

④情報整理（15分）：3～4名の3班編成とし、模造紙の上でグルーピングを図る。お互いに付箋を貼りながら説明する（写真中下）。

⑤共有化（15分）：各班が成果を発表し、全体で共有化を図る。

⑥まとめ（15分）：全員で話し合って目標を10項目に整理する（写真下）。

⑦振り返り（5分）：個人ごとにワークショップを行ったことに関して感想や意気込みを記述する。

感想の一部を紹介する。「自分たちの班で決めた内容を一つにまとめて、本から学んだことをしっかりと書けたと思います。目標に対して練習をしっかりしていきたいです」「今日、野球部全員で決めた目標（スローガン）を3年生がいる間も、3年生が引退してからもしっかり忘れることなく、目標達成のために自分はどうすればいいかということをしっかりと考え、野球部みんなで目標を達成したいです」「本を読んでいると、他にも自分に足りないもの、チームに足りないものがたくさん書いてありました。その本は最後

まで読めなかったけど、大切な言葉がたくさんありました。この目標を一つひとつクリアしたいです」「みんなで決めた言葉はいいと思いました。いろいろなことを考えたり、つくったりして、みんなとがんばって決められたのでよかったです。言葉を考えるだけではなく、それを達成できるようにしていきたいです」。

　一人ひとりが野球にかかわる書籍を通して、野村克也やイチロー、桑田真澄、田中将大などの野球の大先輩から学んだことを自己やチームに生かそうとする意気込みが伝わってくる。

　アクティブ・ラーニングでは三つの学びをめざしている。野球部員たちは自分やチームを強くしたいという意欲を持ち「主体的な学び」を行い、チームのメンバーだけでなく書籍のなかの野球の先人との「対話的な学び」を通して、彼らの感想にも表れているように「深い学び」を実現している。

　また、カリキュラムマネジメントの最終目標は自己のカリキュラムマネジメントである。子ども一人ひとりが現状を認識し踏まえたうえで、将来や夢に向けて具体的な目標を掲げ、その実現のために日々の生活や学習を自覚的に進めていく。そのために限られた時間や環境を有効に活用していける子どもを育てていきたい。

　ワークショップ翌日、2・3年生は1年生に成果を伝えたうえで、1年生の意見も取り入れ全員でさらなる修正を行い、目標を整理していった。その後、その成果はポスターとなり部室に貼り出され（写真）、毎日の練習前に全員で唱和している。

　3年生が抜けた秋の新人大会では部員13名で経験者が少ないながら27チーム中、決勝で惜敗したものの準優勝に輝いた。

§4　子ども編

❖子どもたちによるワークショップ

試合を振り返り、今後に活かす

　この野球部のワークショップには次がある。
　一つは、授業でワークショップを採り入れた際にキャプテンがリーダーシップを発揮した。部活での経験が授業場面に活かされている。
　もう一つは、総体が終わった後の振り返りワークショップである。「よかった点」「悪かった点」「改善点」の三つの視点から自分たちのプレーを分析し、協議している。
　「よかった点」については、「大きな声が出せた（とくに最終回）」「流れを変える声を出せた」「審判にあいさつができた」などの声や挨拶、「最後まで一生懸命できた。諦めなかった」「最後に粘りを見せられた」など諦めない気持ち、「最後までプラス思考だった（前向きな気持ち）」「守備で自分のところに飛んで来いと考えた」など冷静な判断と心の準備、「ランナー1・3塁で練習の成果が出せた」「練習で試合の意識をすることができた」など、29項目に練習の成果について手応えが現れている。
　「悪かった点」については、「声が出ていないことがあった（ピンチやエラーの後）」「ベンチからの指示が出せなかった」など声出し、「言われてから行動していた（行動が遅い、歩いた）」「最初は出せたが、負けだしてから出せなかった」などのマイナスの行動や意識、「チャンスで点につながらない（フライ）」「ランナーを進めることができなかった」などチャンスでのミスなど、28項目に具体的な反省材料が示されている。
　反省を活かしての「改善点」として、「ピンチのときこそ声を出す」「皆のことを考えて行動する」「相手の取りやすいボールを投げる」「甘いボールを確実に打てるようにする」「マイナス思考を出さない」「集中力を切らず、準備をしっかりする」など28項目に今後の練習や試合に向けてのきめ細かい改善点が明確になっている。
　これらすべてが体験に基づく選手自身の言葉から産み出されていることに価値がある。この期に引退する3年生からの引き継ぎ方としてたいへん有効な手立てである。

❖ 子どもたちによるワークショップ

卒業生から後輩たちへの贈り物

　愛媛県今治市立大三島中学校の３年生は平成28年３月中旬、学校統合後の１年間の経験および３年間での学びを踏まえて、後輩たちへのメッセージをまとめた。

　生徒一人ひとりが、「勉強・受験」（桃色）、「生活」（緑色）、「行事や生徒会活動」（黄色）、「部活動」（水色）についてのメッセージやアドバイスを付箋に書き、その後、給食班ごとにKJ法で整理した。付箋記入に関しては「サインペンで書く、糊の部分を上に、横書き、１枚に１項目、具体的に１文で」、付箋の貼り方に関しては「読みあげながら、一人１枚ずつ順番に（同じような意見はそのつど出す）、同じ・似たものは近くに貼る（後で仲間分け・まとめをする）」という、教職大学院で学んだ約束ごとを忠実に守り、生徒に示した。チームで整理するシートとして、「勉強・受験」「生活」「行事や生徒会活動」「部活動」の枠を設定した。すべての生徒およびチームが方法を理解し、達成感を感じる成果物を作成するうえで、このような具体的な指示は重要である。

　次頁に掲げたものが「行事や生徒会活動」と「部活動」に関する成果物である。

　このワークショップを行った３年生の声を拾ってみたい。「話し合いをして改めて感じたことは、後輩によい伝統を築いていってほしいということです。みんなで話し合うといろいろな意見が出て、よりよい大三島中をつくっていくにはいいなと思いました」「アドバイスを表にまとめることで、次の３年生へよいものが残せたと思いました。来年もきっといい学校にしてくれると思うので、あの表を見てがんばってほしいです」といった後輩への思いや期待以外に、「今日の授業を通して、３年間では数え切れないほど、たくさんのことを学んだと、改めて思いました」「今日の授業を振り返って自分が３年間何を学んだのか振り返ることができました。部活・学習・生活などにおいて、たくさんのことを学んだなと改めて感じました」「中学校で学んだことを生かして高校でもがんばりたいです」と振り返りを通して自己の成長を自覚し、将来に活かそうとしている。

　「このときの生徒の感想で、ワークショップに関する前向きなものが多く

あり、これが今の私の実習の原動力になっている」とこのワークショップを企画・実施した村上冨士子教諭は述懐している。

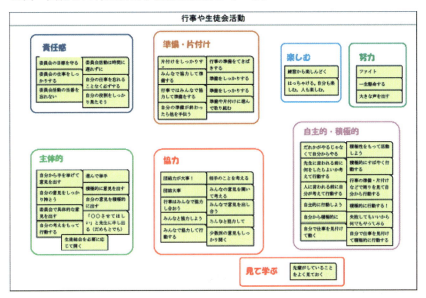

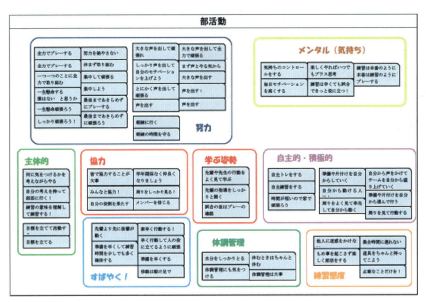

❖子どもたちによるワークショップ

学校の伝統を引き継ぐために

　新潟県上越市立大手町小学校は、長年、生活科や総合的な学習、カリキュラムマネジメントなど学習指導要領改訂を先取りした研究開発で全国的に著名な学校である。雪深い冬に3,000名の参観者が訪れた年もある。

　先進的な取り組みを進める一方で伝統もしっかり守ってきた。毎年、6年生全員参加によるマーチングバンド（かつては鼓笛隊と呼んでいた。昭和35年から続けられている）が運動会や市の祭、音楽祭などで練習の成果を披露してきた。卒業前の6年生が、少し練習を始めた5年生にパートごとに思いや技術を伝える「移杖式」がある。

　平成22年度の5年生は「移杖式」の後にワークショップ「伝統を引き継ぐこと〜心を一つに〜」を行った（写真上）。パーカッションやトロンボーン、トランペット、アルトホルン、カラーガードなどパートごとに6年生から学んだことや反省、意気込みを整理した（写真下）。

　分析シートとして「概念化シート」を応用している。縦軸は「よかった。できた」と「できなかった。課題」、横軸は「自分」「みんな」である。付箋には「（一度演じたうえでの：筆者注）6年生との実力差」「『心は一つに』がまだできていない」といった反省だけでなく、6年生の演技・演奏から伝わるものを一人ひとりがしっかりとらえ「6年生を越したい」「6年生の卒業前のステージ（もう一度見てもらうチャンスがある：筆者注）で少しでも心を一つにしたい」といった意気込みが語られている。学校の伝統が6年生から5年生へとしっかりと引き継がれている。

§5

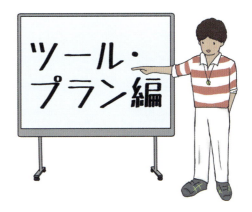

校内研修活性化のための自校診断チェックリスト

　本チェックリストは、高知県教育センターが「研究主任の校内研修活性化のためのマネジメントスキルの育成」を目的とした研修における受講生の研修成果物を基に開発したものである。

　項目の1～4は「研修の計画化」、項目の5～7は「課題の共有化」、項目の8～10は「協議内容の焦点化」、項目の11と12は「研修成果の可視化」、項目の13～15は「外部講師の活用」を測る。

　たとえば、年度末に診断を行い、その結果を基に校内研修の成果と課題を明確化し、次年度の研修計画の立案に活かされることを願う。

校内研修の取り組み	非常に当てはまる	当てはまる	やや当てはまる	どちらとも言えない	あまり当てはまらない	当てはまらない
1　PDCAサイクルを校内研修に明確に位置付けた。	6	5	4	3	2	1
2　年間を通して取組の系統化を図った。	6	5	4	3	2	1
3　日常の授業を教職員間で参観し合う体制づくりをした。	6	5	4	3	2	1
4　前年度の成果と課題を受けて、研究の重点化を図った。	6	5	4	3	2	1
5　校内研修で確認されたことが、日常的に行われるように工夫した。	6	5	4	3	2	1
6　自校の課題を明確にしたうえ研究テーマを設定した。	6	5	4	3	2	1
7　授業の改善点をさぐるために、研究授業の前に学習指導案の検討会や模擬授業などを行った。	6	5	4	3	2	1
8　授業参観や研究協議の視点を設定した。	6	5	4	3	2	1
9　研究テーマに対応した授業を見る視点を示し、協議を行うようにした。	6	5	4	3	2	1
10　研究協議では、協議の流れや柱を明確に示すようにした。	6	5	4	3	2	1
11　達成目標をできるだけ数値化するようにした。	6	5	4	3	2	1
12　客観的なデータ（学力調査、Q-Uなど）を活用し、学校の重点目標などの達成状況を確認した。	6	5	4	3	2	1
13　教職員の意識改革をうながすために、外部講師を招聘した。	6	5	4	3	2	1
14　専門的な見地から助言をもらうために、外部講師を招聘した。	6	5	4	3	2	1
15　研修の意図を外部講師に明確に伝えた。	6	5	4	3	2	1

§5 ツール・プラン編

「ワークショップ型研修の技法」の内容と成果物

　鳴門教育大学教職大学院の現職の院生向けの必修の授業科目として「ワークショップ型研修の技法」がある。本書の内容を真正面から扱っている。平成27年度までは１年次の後期前半に実施、平成28年度は１年次の前期前半に実施している。そのために内容構成を変更している。

　両者に共通しているのは、受講生の授業ビデオを用いての授業研究、置籍校の総合的な学習の時間の全体計画や年間指導計画の見直し・改善などの研修課題に関してのワークショップを実際に体験してもらい、付箋の書き方や整理の仕方、コーディネートやファシリテートの仕方などを習得してもらっていることである（写真上はワークショップ型授業研究の「指導案拡大シート」、写真下は「マトリクス法」で分析しているチームの様子。平成27年度）。また、毎年、授業でのワークショップの様子や作成した研修プランや成果物等は受講生全員で共有し、自校の研修開発に役立てるようにしてきた。

　平成27年度までは、最後の２コマは受講生のうちの約10名が１年次の１月以降から２年次の置籍校実習において実際に実施予定の校内研修プランを計画し、授業のなかで他の受講生を対象に試行するワークショップを行った。そのときの様子や成果物を写真撮影したり、成果物をパワーポイント等でデータ化したりすることで、実際に校内研修を行う際の説明用プレゼンづくりに生かすようにしてき

たとえば、平成27年度の授業において作成・試行された研修プランは「縦割り班活動の見直し」(小学校)、「学校が避難所になったとき、あなたはどうする?」(中学校)、「生徒のよさと課題の共有」(中学校)、「本校の生徒のよさと課題および学校課題の共有化」(高等学校)など10件である。受講生は39名で2コマ実施のため、プラン作成者兼コーディネーターを含めて1チーム7名前後となる。基本的には受講生の希望により取り組みたい課題を選ばせ、チーム編成を行った。研修プランおよび成果物の一部は148～154頁に掲載している。

平成28年度は時期的に置籍校で実施予定の研修プランの作成・試行は無理であったために、タテ連携(幼小接続・小中連携・中高連携)とヨコ連携(家庭連携・地域連携)に関するワークショップを新しく採り入れた。

まず、1コマ目と2コマ目は「ワークショップ型研修の技法」に関する講義を行った。そして、3コマ目に「タテ連携とヨコ連携の課題整理ワークショップ」を異校種編成による5チームで実施した。たとえば、下図は「幼小接続」チームの成果物をパワーポイントで整理したものである。

4コマ目と5コマ目は「教科等の授業分析ワークショップ」をある受講生の過去の授業(平成25年度・中学校3年英語)を対象事例として取りあげ、学校種別の5チームに分かれてワークショップ型授業研究の五つの手法(「指導案拡大シートA(模造紙サイズ)」「指導案拡大シートB(指導案をA3サイ

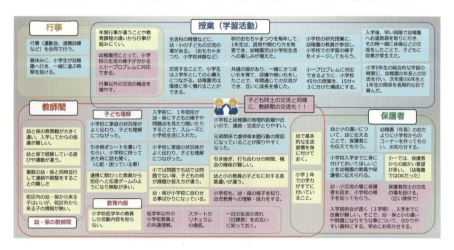

ズに拡大し模造紙の真ん中に貼ったもの)」「マトリクスシート」「概念化シート」「KJ法」)を体験した。

6コマ目に「総合的な学習の時間の年間指導計画見直しワークショップ」を、分析対象事例(小学校2、中学校2、高等学校1)を取りあげ、置籍校の前年度または今年度の年間指導計画または単元計画のよさ、課題、改善点を分析・整理した。異校種によるメンバー編成とした。写真上は高等学校の年間指導計画を拡大し、その上や周りに付箋を貼り、見直し・改善を行っているチームの様子である。

7コマ目は、3コマ目に整理した「タテ連携・ヨコ連携の課題」を解決するためのワークショップ型研修プランを開発するワークショップを行った。4コマ目から7コマ目までの約1ヵ月の間に、そのためのアイデアを各自温めてもらった。

8コマ目は、7コマ目に開発した「タテ連携・ヨコ連携の課題を解決するためのワークショップ型研修プラン」を試行し、プランを開発メンバーで再度見直し改善を図った。開発メンバーのうちの2名が残り、コーディネーターを務め、その他のメンバーは他のプランのワークショップを経験した。写真下は「家庭連携」チームのワークショップの様子である。模造紙の真ん中に「家庭学習の手引き」を拡大して貼り、成果や課題、改善策について付箋を書き、整理している。

研修プランおよび成果物の一部は155〜160頁に掲載している。

▼アイデア・メモシート

	すぐに実施可能	年度内に実施可能	次年度以降実施可能
各教師で実施可能			
学校として実施可能			
外部機関の協力必要			

※使えそうな情報やできそうなアイデアをどんどんメモして、整理しよう。

§5 ツール・プラン編

▼研修プラン（書式）

※研修プラン（書式）および研修プラン（記入の仕方）、研修プラン（記入例）は久留米市教育センターの四ヶ所清隆元指導主事が作成したものである。鳴門教育大学教職大学院をはじめ各地の教育センター等で活用されている。

	研修の種類（あれば）		学校名
種別		研修タイトル	

本研修の目的	

工夫した点	

本研修の概要	実施時期	
	対象者	
	研修形態	
	準備物	
	時　間	

研修全体の流れ（時間）	研修の進め方（○）及び留意点（・）

▼研修プラン（記入の仕方）

○○○市立○○学校　○○　○○

種別	○○研修　←研修の種類を記入	研修タイトル	

本研修の目的	※この校内研修を行う目的を書いてください。

工夫した点	※「‥‥（現状）を‥‥（期待される変化）にするために、‥‥（手立て）を取り入れる。」というように、この校内研修の実施のポイント、工夫等を簡潔に書いてください。

本研修の概要	実施時期	※この研修を行うふさわしい時期を書いてください。
	対象者	※参加者を書いてください。
	研修形態	※全体かチームか、形態を詳しく書いてください。
	準備物	※具体的に詳細に書いてください。
	時　間	※およその時間を書いてください。

研修全体の流れ（時間）	研修の進め方（○）及び留意点（・）
※おおまかな研修の流れと所要時間を書いてください。	※具体的な活動の内容や動きが見えるように書いてください。（○） ※留意することや工夫点を書いてください（・） ※校内研修で使う準備物で、本研修の参考になるものは、別資料として10部印刷し、当日持参してください。 　資料には学校名を記入してください。

§5 ツール・プラン編

▼研修プラン（記入例）

久留米市立〇〇学校　〇〇　〇〇

種別	一般研修	研修タイトル	総合的な学習の時間（くるめ学）研修

本研修の目的	①教科等で習得した力を総合的な学習の時間（くるめ学）のどの部分でどう活用するのか、教職員全員で具体的にアイデアを出し合い、相互の関連を整理し、学力の向上を図る。 ②ワークショップによる作業を経験することで、協同的な校内組織をつくる。

工夫した点	・教科等と総合的な学習の時間の関連を意識して日々の授業を効果的に展開できるように、学校全体の問題という意識を持たせるため、ワークショップ型研修を取り入れる。

本研修の概要	実施時期	総合的な学習の時間の年間計画が整った年度始め（6月ごろ）
	対象者	全教職員（あるいは学年団ごと）
	研修形態	学年団ごとのチーム（1チーム3～6人）
	準備物	・各教科や道徳、総合的な学習の時間などの年間指導計画を模造紙大に拡大したもの（全学年分） ・関連する教科の教科書（関連するのであれば当該学年を越えてもよい） ・付箋（75mm×75mm、10枚×2色×人数）　　・サインペン（人数分） ・フェルトペン（各チーム1セット8色）　　　・パソコン、プロジェクター
	時間	70分～80分

研修全体の流れ（時間）	研修の進め方（〇）及び留意点（・）
①本日の研修について説明する。（5分間）	〇研修のねらいと進め方について説明を行う。 ・この時期になぜ本研修を行うのかを説明する。
②教科書を読んで関連を付箋に記入する。 （20分間）	〇各教科の教科書を確認しながら、総合的な学習の時間の内容や活動との関連を付箋に記入していく。 ・付箋には教科書のページ数と関連事項を書く。
③付箋を拡大シートに貼る。（10分間）	〇総合的な学習の時間の単元に沿って関連した付箋を貼る。 ・記入内容をメンバーに伝えながら、付箋を出し合う。
④付箋を整理して拡大シートに構造化する。 （10分間）	〇関連するアイデアや同じ教科で括るなどして整理し、総合的な学習の時間の指導計画との関連を矢印で結ぶ。 ・教科から総合へ、総合から教科へ矢印を引き、説明する。
⑤学年ごとに分析結果を発表する。 （5分間×学年数）	〇各学年で分析した総合的な学習の時間と教科等の関連を説明する。 ・関連性が強い部分に焦点化し、具体的に説明する。
⑥ワークショップを振り返る。（5分間）	〇ワークショップを振り返り、今後の総合的な学習の時間の進め方について確認する。 ・司会者が意見を交わす時間を設定し、成果物を掲示する。

▼研修プラン（高校・よさと課題）

様式3

校内研修プラン

学校名　〇〇県立〇〇高等学校

種別		研修タイトル	本校の生徒のよさと課題および学校課題の共有化

本研修の目的	・生徒の実態やアセスメントデータからよさや課題を分析し可視化する。 ・可視化したものをベースにし、本校の学校課題を焦点化し、共有する

工夫した点	・グループ編成において、事前に管理職と打ち合わせし、一つのグループに幅広い年齢層の構成員が組まれるようにしておく。 ・グループのファシリテーター役となる人物と事前に打ち合わせをする。 ・ＷＳの進め方を簡潔に示す。

本研修の概要	実施時期	平成27年12月16日
	対象者	全教職員
	研修形態	さまざまな立場、経験年数、年齢の教職員を混成したチーム （1チーム5〜7人）
	準備物	・模造紙（各チーム1枚）・サインペン（人数分） ・付箋紙（75mm×75mm、2色×10×人数） ・色マジック（各チーム1セット）
	時　間	60分　　【発表を除き50分】

研修全体の流れ（時間）	研修の進め方（〇）および留意点（・）
〇研修の説明（5分）【10分】 〇付箋紙への記入（10分）【10分】 〇付箋紙の添付（10分）【10分】 〇グルーピングと構造化および課題の焦点化（15分）【20分】 〇協議内容の発表（15分） 〇まとめ（5分） 11月17日の授業では【　】の時間配分で行う	〇全体に今回の目的、ワークショップの手法についての説明 　・事前に実施したアンケートの集計結果についての説明もわかりやすく行う。 　・事前に資料を提供しておく。 〇チームごとに活動 　・ファシリテーター役に手法や進め方について事前に説明しておく。 　・付箋紙への記入方法（色、向き、書き込む文章）や付箋を貼る順番について示しておく。 　・グルーピングや構造化の最中でも、付箋記入が行えるように働きかける。 〇チームごとに発表 　・できれば若手の教職員が発言する形式をとる。 〇今回の研修についてまとめる 　・本研修で、可視化された良さや課題、焦点化された学校課題について再度共有化されるようにする。

§5 ツール・プラン編

▶成果物（高校・よさと課題）

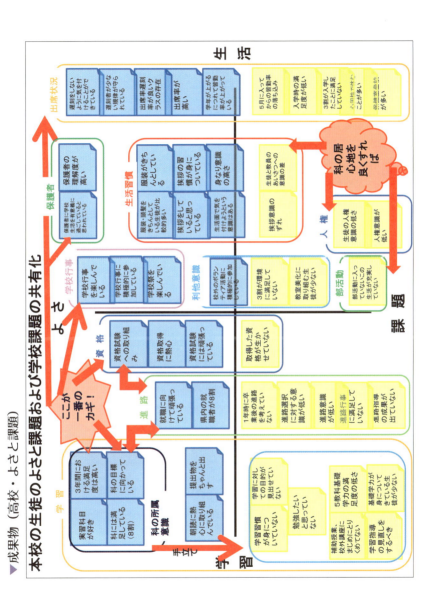

▼研修プラン(小学校・学び合い)

様式3

校内研修プラン

学校名　　　　市立〇〇小学校

種別	主題研修　(一般研修)	研修タイトル	「教育観」を問う　～「学び合い」とは何ぞや～

本研修の目的	近年「アクティブラーニング」という言葉がしきりに叫ばれているが、そもそも「学び合いとは何か」という根源的な問いについて、授業づくりと学級づくりという二つの視点から、子どもの姿と教師の姿を通して全教職員が語り合うなかで、校内の指導の方向性を確かめ合い、授業研究の基軸づくりを行う。

工夫した点	各自の教育観をもとに多くの人から多種多様な意見を引き出せるように、ワークショップ型研修とする。概念化シートを用いて、授業づくりと学級づくりを縦軸、子どもの姿と教師の姿を横軸に設定することで、大きなテーマではありつつも、ある程度焦点化した話し合いになるよう留意した。

本研修の概要	実施時期	校内の取り組みの柱が定まり、研究が軌道に乗ってきたころ(6月ごろ)
	対象者	全教職員
	研修形態	男女・年齢・学年団等混成チーム(1チーム5人)
	準備物	・拡大シート(模造紙に縦軸・横軸を記入したもの、各チーム分) ・付箋紙(75mm×75mm、20枚×1色×人数分) ・サインペン(人数分) ・フェルトペン(各チーム1セット8色) ・ホワイトボード(全チーム分が掲示できればベスト) ・パソコン、プロジェクター(必要であれば)
	時間	80分

研修全体の流れ(時間)	研修の進め方(〇)および留意点(・)
①本日の研修について見通しをもつ。　(3分)	〇研修のねらいと進め方について、説明を聞く。 ・全員の積極的な参加を促す雰囲気づくりを心がける。
②各自の考えを付箋紙に記入する。　(12分)	〇日頃大切にしていることを思い出しながら、「学び合い」のあるべき姿について、子どもと教師の姿で記入する。 ・1人20枚をめざすことや残り時間を適宜告げる。
③付箋紙を拡大シートに貼る。　(10分)	〇似た意見をつなぎながら、座標軸を意識して貼っていく。 ・考えをメンバーに伝えながら、付箋紙を出し合う。
④チーム内で内容を構造化する。　(20分)	〇関連する内容を囲んでタイトルを付けたり、相互の関係を矢印や言葉で記入したりする。 ・新たに浮かんだ意見は付箋紙に書き加えてもよい。
⑤チームごとに結果を発表する。　(4分×チーム数)	〇要点を絞って発表し合い、他のチームの意見もよく聞く。 ・時間厳守とし、終了時にはベルを鳴らして知らせる。
⑥全体で協議し、まとめる。　(15分)	〇全員で「学び合い」の在り方について共有する。 ・発表を受けて、めざす方向性を焦点化していく。 ・研修の感想等を語り合い、今後の取り組みにつなぐ。

§5　ツール・プラン編

▼研修プラン（道徳の評価）

学校名　〇〇市立〇中学校

種別	研修タイトル	道徳（科）の授業分析ワークショップ

本研修の目的	道徳（科）の教材や授業スタイルなどを分析することで、評価のポイントを可視化し、より適切な評価に結びつける。

工夫した点	「記述による評価」に生かせるよう、授業を「教材」、「中身」、「授業形態」、「手法」「評価材料」、「評価方法」の観点から分析する。

本研修の概要	実施時期	3学期
	対象者	全教職員
	研修形態	学年混合研（4、5人）×5研
	準備物	模造紙（1～2枚）付箋（赤・青・黄・緑）、サインペン、色マジック 資料（新学習指導要領　道徳　内容項目） ワークシート、副読本（数冊）
	時間	50分

研修全体の流れ	研修の進め方（〇）及び留意点・
① 本研修について説明（5分）	〇研修のねらいと進め方について説明する。
② 観点別に付箋を記入（10分）	〇「教材」「中身」、「授業形態」、「手法」、「評価材料」、「評価方法」の観点に分けて付箋に記入する。
③ 模造紙に貼る（10分）	〇観点別に模造紙に付箋を貼りだす。 ・記入内容をメンバーに伝えながら貼る。
④ 付箋をグルーピング（10分）	〇内容を整理・分析する。
⑤ 一人一つ評価文例を書く（5分） ⑥ 文例のシェアリング（5分）	〇分析結果を参考に、今までに自分が行った授業を振り返りながらワークシートに記入し、文例を書く。 ・参考用に副読本を準備 〇文例を紹介し合う。 ・どのようなポイントを意識して書いたか伝える。
⑦ ワークショップの振り返り（5分）	〇本ワークショップを振り返る

▼成果物（道徳の評価）

教材	中身	授業形態	手法	評価材料	評価方法
教材 読む、観る、鑑賞 ・読み物 ・音楽・芸術作品等鑑賞 ・視聴覚VTR等 **ひと** ・講師を招いて ・交流（部外の人） ・先輩の話 **地域教材** ・伝統文化の継承 ・地域教材（手刊）	**葛藤** ・ジレンマ教材 **気づき** ・自分を見つめる ・自分を語る **身近な話題** ・最近の話題 ・NEWS・新聞 ・学校行事に関連させて ・学級の実態や課題	・個別学習 ・一斉学習 ・ペア学習 ・グループ学習 ・集い学習	**ツール活用** ・WBミーティング ・短冊ツール **シミュレーション** ・役割演技 ・ロールプレイ **討論** ・ディベート **交流** ・エクササイズ ・エンカウンター **心の状態** ・心情円 ・本音を出す	**ポートフォリオ** ・ワークシート ・相互評価 ・感想作文 ・掲示物用 ・自己評価 **教師** ・発言内容 ・意欲関心態度 ・ビデオ記録 **外部** ・保護者感想	**個人別** ・道徳性テスト ・アセスメント **規準・基準** ・行動の変容 ・観察 ・ルーブリック ・内容項目に照らして

§5 ツール・プラン編

▼研修プラン（縦割り班活動）

様式3　　　　　　　　　　　　　校内研修プラン
　　　　　　　　　　　　　　　　　　学校名　　　　　　○○市立○○小学校

種別		研修タイトル	縦割り班活動の見直し

本研修の目的	うまく機能していない縦割り班活動をどう活性化させるか、教職員全員で具体的にアイデアを出し合い、相互の関連を整理しながら、できそうな活動を探る。
工夫した点	・前提として、うまく機能していない縦割り班活動の実態、子どもの社会性育成には異年齢集団による交流が不可欠であること、その交流はお世話をする上級生が「自己有用感」を獲得できるよう実施すべきこと、縦割り班活動を見直していこうなどを全教職員で共通理解をしている。そのうえで、縦割り班活動のアイデアを持ち寄るといった準備をしている。 ・各自がこれまでの経験をもとに、活動のアイデアだけでなく、実施するうえでのよさや課題などを含めた多種多様な意見を引き出せるようにワークショップ型研修とする。マトリクス法で、すぐにできるものとすぐにはできないものに分けて考えていく。

本研修の概要	実施時期	2月から3月にかけて
	対象者	全教職員
	研修形態	全教職員を2グループに分けて（1グループ5、6人）
	準備物	・模造紙（グループ数） ・付箋（75mm×75mm、10枚×4色×人数） ・サインペン（人数分） ・フェルトペン（各チーム1セット8色）
	時　間	実際は70分（本日の演習では50分）

研修全体の流れ（時間）	研修の進め方（○）および留意点（・）
①本日の研修について説明する　（5分間）	○研修の進め方とねらいについて説明する。
②付箋に記入する。　　　　　　（5分間）	○縦割り班活動（これまでの勤務校での取り組んだことのあるものも含む）のアイデアを記入する。
③付箋を模造紙に貼る。　　　　（5分間）	○よく似た活動は整理しながら貼っていく。
④整理された活動のよさや課題を付箋に書く。　　　　　　　　　　　　　（7分間）	○出された活動のアイデアに対して、これまでの経験等をもとによさや課題を出していく。
⑤アイデアごとに課題等を整理していく。（15分間）	○考えをメンバーに伝えながら、付箋紙を出し合う。
⑥付箋を整理しながら構造化する。（13分間）	○関連する事柄を囲んだり、キーワードを書き込んだりしながら、実施可能性や課題の解決案について、意見を出し合う。
⑦グループごとに分析結果を発表する。	○各グループで話し合ったことをまとめて発表する。
⑧全体で協議し、まとめる。	○各グループからの発表をもとに、実施可能な活動を共有するとともに、今後の取り組みについて確認する。

▼成果物（縦割り班活動）

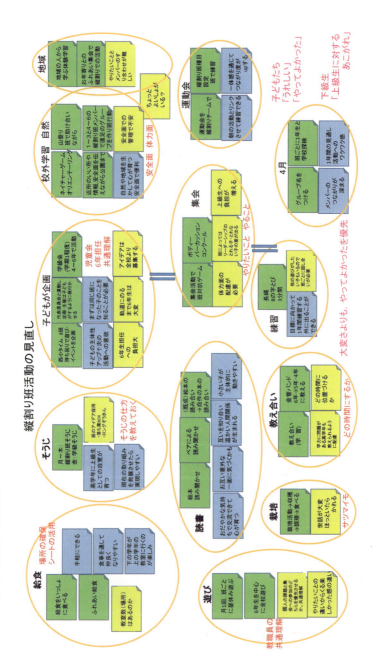

§5 ツール・プラン編

▼研修プラン（家庭連携）

ワークショップ型校内研修プラン

種別		研修タイトル	学校・家庭の協働力を高め児童のさらなる育成を図る

本研修の目的	家庭との連携において、「家庭学習」と「生活習慣」の二つの視点で成果や課題を明らかにし、教職員で共通理解を図り、手立てを考える。 ＊1回目の参観日の後にある学年PTAで「生活習慣」のみ保護者とワークショップを行う。
工夫した点	年度末に、異動前の先生方を含めてアンケートをとっておく。アンケート結果をもとに大まかな課題を提示できるようにする。児童の実態を把握し共通理解を図るために低・中・高学年ごとのグループを作る。

本研修の概要	実施時期	4月（春休み中）　※次回は保護者と参観日に行う
	対象者	教職員
	研修形態	低・中・高学年ごと（3グループ）
	準備物	家庭学習の手引き（A3版）：3枚 付箋3色 サインペン（人数分） フェルトペン各チーム1セット8色 模造紙3枚
	時間	約50分

研修全体の流れ	研修の進め方（○）および留意点・
①研修の目的、進め方を確認（5分）	○研修のねらいと進め方を説明する。
② アンケート結果から共通理解（5分）	○昨年度末のアンケート結果から明らかになった「家庭学習」「生活習慣」の二つの視点で話し合うことを説明する。
③ グループに分かれて考える（30分）	○家庭学習の手引きを中心に模造紙の左右に「家庭学習」と「生活習慣」にわけ、成果や課題を付箋で貼る。 （水色：成果、黄色：課題、桃色：改善策）
④ グループ別に発表する（10分）	＊今日の話し合いの成果をもとに家庭学習の手引きは低・中・高学年ごとにつくり、保護者に配布。生活習慣については後日保護者とワークショップを行う。

▼成果物（家庭連携）

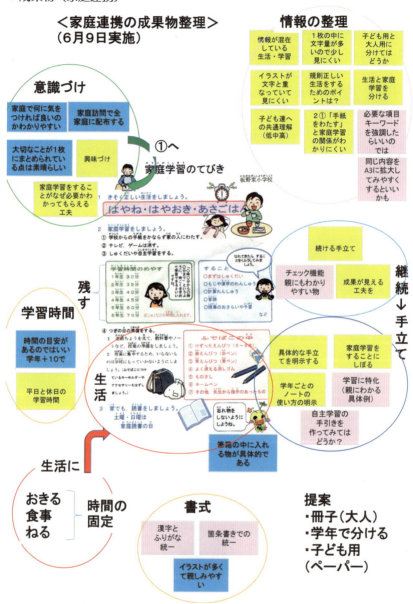

§5 ツール・プラン編

▼研修プラン（地域連携）

校内研修プラン

学校名 _____

種別	一般研修	研修タイトル	地域連携って何？

本研修の目的	①地域連携に対する思いやその効果を出し合い、相互の関連を整理して共有化を図る。 ②ワークショップ型研修を経験することで、協働的な校内組織をつくる。

工夫した点	ワークショップを実施し、見えてきた共通点を整理することで、ともに考えていく方向性を明確にする点。

本研修の概要	実施時期	4月（年度初め）
	対象者	全職員（同一中学校区の全職員でも可）
	研修形態	チームは、管理職・新しく来た教職員・もといた教職員・校種の違う教職員など、ジグソー形態で編成することが望ましい。 ワークショップ技法として「KJ法」を用いる。
	準備物	付箋（75 mm×75 mm　20枚×緑色×人数） サインペン（人数分） マーカー（各チーム1セット8色） 模造紙（1枚） のり タイマー
	時　間	60分程度（対象者の人数に応じる）

研修全体の流れ（時間）	研修の進め方（○）および留意点（・）
①本日の研修について説明する。　　（5分）	○グループに分かれて座ってもらい、研修のねらいと進め方について説明する。
②本時の説明をし、付箋に記入する 　　　　　　　　　　　　　　（15分）	○付箋に書く内容について具体的な例を挙げ、地域連携を通して児童生徒に身に付けさせたい力やねらい・意義について付箋に記入していく。
③付箋を模造紙に貼る。　　　　（10分）	○ワークショップの種類に応じて付箋を貼っていく。 ・記入内容をメンバーに伝えながら、付箋を出し合う。
④付箋を整理し、構造化する。　（10分）	○関連するアイデアを整理し、構造化する。 ・地域連携の内容について、出てきた意見から共通点を項目ごとに分類し、まとめる。
⑤分析結果をグループごとに発表する。 　　　　　　　　　　　（5分×チーム数）	○各グループで分析した結果を発表する。 ・関連性が強い部分に焦点化して、具体的に説明する。
⑥ワークショップを振り返り、次回の活動について説明する。　　　　（5分）	○本時を振り返るとともに、次回は、本時の分析結果を自校のカリキュラムに照らして、その内容について論議していくことを告げる。

▶成果物（地域連携）

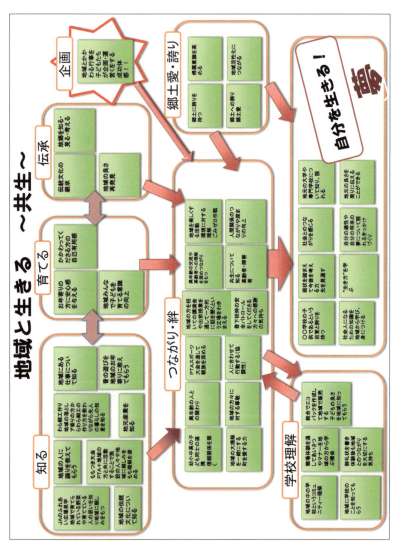

§5 ツール・プラン編

▼研修プラン（幼小接続）

ワークショップ型校内研修プラン

種別		研修タイトル	幼小接続を考える

本研修の目的	小学校入学時の課題について幼小で話し合い、保護者への説明や対応にずれを出さないための対策を考える。

工夫した点	幼保小連携を意識して話し合う。 マトリクス表を2種類用意した。

本研修の概要	実施時期	夏休み（もしくは冬休み明け）
	対象者	幼・保・小　教職員
	研修形態	幼保小混合班（5、6人×　　班）
	準備物	付箋、サインペン、模造紙、マーカー、タイマー
	時間	60分（あくまで目安です）

研修全体の流れ	研修の進め方（○）および留意点・
ワークショップ（40〜60分） ①研修の目的、進め方を確認（5分）	○研修のねらいと進め方について説明する。 ・今日の研修の目的を説明する。 　（「自立」「社会性」「その他」の項目について「良い点」「問題点」「手だて」ごとに示したマトリクス表を使うことなど）
②付箋記入（15分）	○幼・保・小それぞれの接続の成果と課題について付箋に記入する。 　（事前に同校種のグループ毎で付箋紙に書いておくのが理想） ・作業前に同校種での確認の時間を確保する。 ・それぞれの立場で気付いたことを記入する。 ・幼稚園(桃色)、保育所(黄色)、小学校(水色)の付箋で色分けする。
③課題を整理しながらシートにはる(15分)	○項目ごとに関連した付箋を貼る。 ・記入内容をメンバーに伝えながら付箋を出し合う。
④改善策の検討（10分） ⑤シェアリング（5分×班数）	○問題点を改善できる「手だて」について話し合う。 ○班ごとに「よかった点、工夫点」、「疑問点、課題点」、「改善策、助言」に分けて発表する。
⑥まとめ（5分）	＊まとめは後日報告でも可

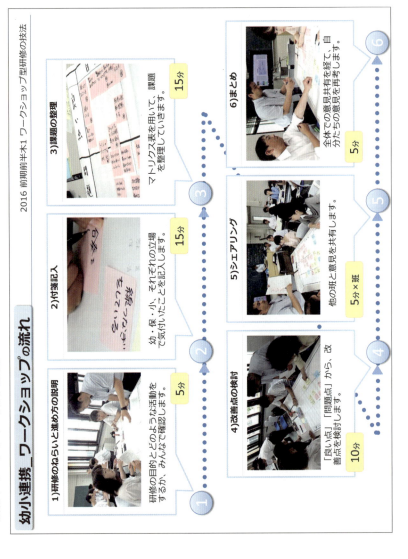

❖付録

用語説明

(1) 「チーム」と「グループ」

　ワークショップの際のグループのことを筆者は「チーム」と呼んでいるが、取りあげた事例の学校等が「グループ」や「班」と呼んでいる場合は、そのまま用いる。筆者が「チーム」と呼ぶ理由は三つある。一つ目は「チーム」は共通の目的を持って集まった集団という意味合いが強いからである。ワークショップは、ある一定の限られた時間のなかではあるが、そこに集まったメンバーが解決したい課題に向けて各自が責任を持って意見やアイデアを提供し、協働的に問題解決を進めていく点で、「チーム」という呼称がより相応しいと考える。二つ目は、多くの「チーム」がワークショップを行う場合、とくに発表の際に、4～6チームを一つの「グループ」としてまとめ、そのなかで発表し合うときに「グループ」と呼ぶことがあるからである。三つ目は、付箋の整理の際に、付箋の集まりを「グループ」と呼ぶことが多いからである。それとの混同を避ける意味でも本書では原則的に「チーム」を用いる。

(2) 「アセスメント」「アセスメントデータ（アセスメント資料）」

　鳴門教育大学教職大学院で用いられている用語のために、本書の随所に現れる。現職教員である院生は1年次において、全国学力・学習状況調査や学校評価、教職員や児童・生徒に対するアンケート、QU、新体力テスト等、学校や子どもの実態を多面的にとらえ、そこから解決すべき課題を明らかにして、1年次後半から大学院の指導教員や置籍校の管理職等と授業改善や研修開発あるいは学校改革の計画を立て、2年次に実施・評価・改善を行うフィールドワークを行っている。学校の実態や課題を浮き彫りにすることをアセスメントと呼んでいる。

(3) 「行政研修」

　各教育センターで実施される校長研修や10年次研修、教務主任研修などの集合研修を総称して「行政研修」と呼ぶ。

(4) 「カリキュラムマネジメント」

　文部科学省では「カリキュラム・マネジメント」と表記しているが、本書では「カリキュラムマネジメント」と表記する。引用等の場合はこの限りではない。また、「カリマネ」と略す場合もある。

(5) 「付箋」

　「付箋紙」や「付せん」と表記する場合も多いが、本書では原則的に統一して「付箋」を用いる。

❖付録
ワークショップ型教員研修プラン一覧

これまで多様な課題に関するワークショップが計画・実施されてきた。本書では紙幅の関係でその一部を紹介するにとどまった。以下、他の拙書のなかから示唆的な事例をリストアップした。本書の事例と合わせて参考にしていただければと思う。

書籍名等	プラン名（一部省略）［都道府県名と学校種］
『授業にいかす　教師がいきるワークショップ型研修のすすめ』（ぎょうせい、2005年）	○子どもの「知の総合ノート」から教科関連を考える［徳島県中学校］ ○学年団が協働的に総合的な学習を創り出す［熊本県高等学校］ ○小中高連携の在り方を具体化する［広島県小・中・高等学校］ ○研究の方向性を明確化する［高知県小学校］ ○学習支援ソフトの機能を学び教え合う［徳島県小学校］ ○体験活動と総合の関連を考える［福岡県少年自然の家］ほか
『「ワークショップ型校内研修」で学校が変わる　学校を変える』（教育開発研究所、2010年）	○子どもの実態を踏まえた学校課題の整理［香川県小学校］ ○教師からみた「生徒に身につけてほしい力」［神奈川県中学校］ ○子どもの学びの事実をもとにした授業研究［和歌山県小学校］ ○コンピテンシー・モデルを活用した学級経営力UP［徳島県小学校］ ○総合的な学習と教科等の関連の具体化［京都府小学校］ ○外部評価を活用した授業づくり［兵庫県小学校］ ○授業研究でさらにスキルアップ［愛知県中学校］ ○授業力向上の鍵－授業研究の活性化［神奈川県横浜市］ ○若手育成のためのワークショップ型研修［千葉県市川市］ ○学校改革を全員で考えるベンチマーク校分析［三重県高等学校］ ○外部の知恵を導入して行事を改善しよう［徳島県中学校］ ○給食時間の課題の発見とアクションプランづくり［徳島県小学校］ ○総合的な学習のカリキュラム評価［新潟県小学校］ ○保育所・幼稚園指導者が「生活科」を体験する［東京都小学校］ ○和やかな雰囲気で笑いが飛び交う服務研修［福岡県高等学校］ほか
『小学校外国語活動のための校内研修パーフェクトガイド』（教育開発研究所、2010年）	○学校の実態を正確に把握しよう（アセスメント評価） ○めざすゴールを明確にしよう（目標設定） ○単元レベルから評価基準を設定しよう（評価基準設定） ○学期指導計画をつくろう（カリキュラム作成） ○10分でカリキュラムをチェックしよう（カリキュラム評価） ○環境を改善しよう（環境改善） ○小学校教師のよさを生かそう（意識改革） ○自分たちの取り組みを振り返ろう（マネジメント形成的評価） ○外国語活動マネジメント問診票（マネジメント診断的評価） ○「おてがる研修パック」の使い方　ほか

『「ワークショップ型校内研修」充実化・活性化のための戦略&プラン43』（教育開発研究所、2012年）	○iPadを活用した授業研究［愛媛県中学校］ ◎初めてのワークショップ－修学旅行大成功の秘密［千葉県小学校］ ○3学年合同緊急WS－自分の身は自分で守ろう［千葉県小学校］ ○エビデンスベースの授業の見方ポイント［東京都小学校］ ○外国語活動の模擬授業分析・改善案作成［静岡県小学校］ ○活用型の授業づくり［徳島県中学校］ ○成果をすぐに活かすリレー式授業づくり［香川県中学校］ ○子どもたちの人権意識が高まる授業づくり［兵庫県小学校］ ○道徳の時間への参画意識を高める［徳島県中学校］ ○子どもたちの目が輝く地域貢献活動のマネジメント［兵庫県小学校］ ○若手教師VS中堅教師　対戦協同型WS（授業研究）［東京都小学校］ ○若手教師の授業力アップをめざすミニ研修の進め方［兵庫県小学校］ ○生活科の評価基準作成［徳島県小学校］ ○学校評価の考察［徳島県小学校］ ○校務の効率化を図る［三重県小学校］ ○校務支援グループウェアの活用［愛知県小学校］ ○ICT機器（実物投影機）の効果的な活用 ◎学校の明日をつくりだそう・語り合おう「子ども熟議」［山口県小学校］ ○子どもの思考活動を促進するICT活用 ○育てたい生徒像の明確化と授業づくり［和歌山県特別支援学校］ ○授業研究から見渡す単元評価・教科関連［広島県小学校］ ○学校保健委員会：児童の生活健康課題に対する対策［徳島県小学校］ ○小中連携を意識した情報モラルカリキュラムの作成［三重県小中学校］ ○地域素材の抽出と活用［高知県小学校］ほか	
『実践！アクティブ・ラーニング研修』（ぎょうせい、2016年）	○生徒の実態に基づく「個人テーマ」設定による研究［福岡県中学校］ ○協調学習による主体的・協働的な授業づくり［埼玉県中学校］ ○教師のための潜在的カリキュラムと意識改革［愛知県小学校］ ◎生徒と教師が共に創る学習活動－生徒の授業研究参加［岐阜県中学校］ ○アクティブ・ラーニング授業実現のための研修支援［兵庫県小学校］ ○学校の授業改善を継続支援する学力向上推進リーダー［山口県］ ○「若手の会」を中心とした教員の力量向上［広島県小学校］ ○「学習支援ボランティア」による教員志望学生の成長［愛知県小学校］ ○集合研修と校内研修をつなぐ「研究主任研修」［高知県教育センター］ ○アクティブ・ラーニング型研修［石川県教育センター］ ○集合研修と校内研修をつなぐ［堺市教育センター］ ○授業改善に向けた校内研修のマネジメント・ハンドブック	

注：筆者の責任でキーワードに下線を付けた。◎は子どもによるワークショップである。

著者撮影

ワークショップ型教員研修 はじめの一歩

2016年12月15日　第1刷発行
2019年 3月 1日　第3刷発行

著者 ───────── 村川雅弘
発行者 ─────── 福山孝弘
発行所 ─────── ㈱教育開発研究所
　　　　　　　　〒113-0033　東京都文京区本郷2-15-13
　　　　　　　　TEL　03-3815-7041（代）　FAX　03-3816-2488
　　　　　　　　http://www.kyouiku-kaihatu.co.jp
　　　　　　　　E-mail=sales@kyouiku-kaihatu.co.jp
　　　　　　　　振替　00180-3-101434
装幀 ───────── 勝木雄二
イラスト ─────── 野口直子
印刷所 ─────── 第一資料印刷株式会社
編集人 ─────── 山本政男

ISBN978-4-87380-470-5　C3037
落丁・乱丁本はお取り替えいたします。
定価はカバーに表示してあります。